中华人民共和国行业推荐性标准

公路工程施工定额测定与编制规程

Measurement and Compiling Methods of Construction Quota for Highway Engineering

JTG/T 3811—2020

主编单位：中交第二公路工程局有限公司
　　　　　内蒙古路桥集团有限责任公司
批准部门：中华人民共和国交通运输部
实施日期：2020 年 10 月 01 日

人民交通出版社股份有限公司
北　京

律 师 声 明

本书所有文字、数据、图像、版式设计、插图等均受中华人民共和国宪法和著作权法保护。未经人民交通出版社股份有限公司同意,任何单位、组织、个人不得以任何方式对本作品进行全部或局部的复制、转载、出版或变相出版。

本书扉页前加印有人民交通出版社股份有限公司专用防伪纸。任何侵犯本书权益的行为,人民交通出版社股份有限公司将依法追究其法律责任。

有奖举报电话:(010)85285150

北京市星河律师事务所
2020 年 6 月 30 日

图书在版编目(CIP)数据

公路工程施工定额测定与编制规程:JTG/T 3811—2020 / 中交第二公路工程局有限公司,内蒙古路桥集团有限责任公司主编. — 北京:人民交通出版社股份有限公司,2020.7

ISBN 978-7-114-16083-7

Ⅰ.①公… Ⅱ.①中… ②内… Ⅲ.①道路工程—建筑经济定额—中国 Ⅳ.①U415.13

中国版本图书馆 CIP 数据核字(2019)第 279529 号

标准类型:中华人民共和国行业推荐性标准
标准名称:公路工程施工定额测定与编制规程
标准编号:JTG/T 3811—2020
主编单位:中交第二公路工程局有限公司
　　　　　内蒙古路桥集团有限责任公司
责任编辑:李　沛
责任校对:孙国靖　扈　婕
责任印制:刘高彤
出版发行:人民交通出版社股份有限公司
地　　址:(100011)北京市朝阳区安定门外外馆斜街 3 号
网　　址:http://www.ccpcl.com.cn
销售电话:(010)59757973
总 经 销:人民交通出版社股份有限公司发行部
经　　销:各地新华书店
印　　刷:北京市密东印刷有限公司
开　　本:880×1230　1/16
印　　张:7.25
字　　数:180 千
版　　次:2020 年 7 月　第 1 版
印　　次:2020 年 7 月　第 1 次印刷
书　　号:ISBN 978-7-114-16083-7
定　　价:60.00 元

(有印刷、装订质量问题的图书,由本公司负责调换)

中华人民共和国交通运输部
公　告

第 53 号

交通运输部关于发布
《公路工程施工定额测定与编制规程》的公告

现发布《公路工程施工定额测定与编制规程》(JTG/T 3811—2020)，作为公路工程行业推荐性标准，自 2020 年 10 月 1 日起施行。

《公路工程施工定额测定与编制规程》(JTG/T 3811—2020)的管理权和解释权归交通运输部，日常管理和解释工作由主编单位中交第二公路工程局有限公司负责。

请各有关单位注意在实践中总结经验，及时将发现的问题和修改建议函告中交第二公路工程局有限公司（地址：陕西省西安市科技六路 33 号，邮政编码：710065），以便修订时研用。

特此公告。

中华人民共和国交通运输部
2020 年 7 月 7 日

交通运输部办公厅　　　　　　　　　　　　　　　　2020 年 7 月 8 日印发

前　言

根据交通运输部办公厅《关于下达 2014 年度公路工程行业标准制修订项目计划的通知》（厅公路字〔2014〕87 号）的要求，由中交第二公路工程局有限公司作为第一主编单位、内蒙古路桥集团有限责任公司作为第二主编单位承担《公路工程施工定额测定与编制规程》（JTG/T 3811—2020）（以下简称"本规程"）的制定工作。

长期以来，定额管理是我国公路工程建设和市场经济发展，以及企业的生产经营管理工作中，一种科学有效的管理方式，为各级人民政府科学地编制概预算、控制成本和造价，节约建设投资发挥了重要作用，也为企业在市场经济体制下开展公平竞争创造了有利条件和环境，提高了工程经济效益。同时定额管理也是总结先进生产手段，提升科学管理水平，推动提升社会劳动生产率的重要手段。施工定额是工程定额体系的基础，为提升公路工程行业在定额测定与编制实践中长期积累的管理水平，统一公路工程施工定额的测定与编制方法，实现定额测定与编制的规范化、科学化、标准化、信息化，制定本规程。

本规程包括 6 章和 3 个附录，分别是：1 总则，2 术语和符号，3 基本规定，4 劳动定额、机械定额数据采集与测定，5 材料定额数据采集与测定，6 数据分析处理与施工定额的编制，附录 A 表单，附录 B 常用数据表，附录 C 公路工程施工定额测定与编制实例。

请各有关单位在执行过程中，将发现的问题和意见函告本规程日常管理组，联系人：刘锐（地址：陕西省西安市科技六路 33 号；邮编：710065；电话：029-89560257；传真：029-88283808；电子邮箱：83710360@qq.com），以便修订时参考。

主　编　单　位：中交第二公路工程局有限公司
　　　　　　　　　内蒙古路桥集团有限责任公司
参　编　单　位：内蒙古自治区交通工程造价站
　　　　　　　　　长安大学

主　　　　编：杨振伟
主要参编人员：张　靖　刘　锐　郝振华　史小丽　王成鑫　高振燕
　　　　　　　　刘宏伟　薛随云　姚玉玲　王万华　雷　波　王　红

主　　　审：闫秋波

参与审查人员：张慧彧　张冬青　李春风　王欲敏　方　申　易万中
　　　　　　　　赵晞伟　姚　沅　刘代全　张景博　邬晓光　刘凤林
　　　　　　　　杜洪烈　周武谷　陈　亮　李海云

参　加　人　员：张成群　王　珺　王野尘　常　辰　郝树清　李玉敏
　　　　　　　　王小龙　张赛赛　赵　扬

目　次

1 总则 ··· 1
2 术语和符号 ··· 2
　2.1 术语 ··· 2
　2.2 符号 ··· 4
3 基本规定 ··· 6
　3.1 施工定额测定与编制总流程 ··· 6
　3.2 准备阶段 ··· 7
　3.3 选择测定项目、确定测定对象 ·· 7
　3.4 选择测定与编制方法 ··· 8
　3.5 数据采集与测定 ··· 9
　3.6 数据整理与分析 ··· 9
　3.7 编制施工定额文本 ·· 10
4 劳动定额、机械定额数据采集与测定 ··· 11
　4.1 劳动定额、机械定额数据采集与测定流程 ···································· 11
　4.2 选择测定项目 ··· 12
　4.3 测定工序分解 ··· 12
　4.4 工作时间分类 ··· 15
　4.5 选择测定与编制方法 ··· 19
　4.6 数据采集与测定的内容 ·· 22
　4.7 数据采集与测定步骤 ··· 23
　4.8 现场数据整理 ··· 26
5 材料定额数据采集与测定 ··· 27
　5.1 材料消耗量定额数据采集与测定流程 ··· 27
　5.2 选择测定项目 ··· 28
　5.3 分解确定测定对象 ·· 28
　5.4 选择测定与编制方法 ··· 28
　5.5 数据采集与记录 ··· 29
　5.6 辅助材料定额数据采集与测定 ·· 30
　5.7 周转材料定额数据采集与测定 ·· 31
　5.8 现场数据整理 ··· 34

6 数据分析处理与施工定额的编制 ··· 35
　6.1 数据分析处理与施工定额编制流程 ·· 35
　6.2 定额原始数据分类整理 ··· 36
　6.3 劳动定额原始数据分析处理（现场技术测定法） ································· 37
　6.4 机械台班定额原始数据分析处理（现场技术测定法） ·························· 42
　6.5 材料消耗定额原始数据分析处理（现场技术测定法） ·························· 44
　6.6 其他测定方法原始数据分析处理 ··· 45
　6.7 修订定额消耗量水平评价 ·· 47
　6.8 编制施工定额文本 ··· 48
　6.9 编制施工定额支持性文件 ·· 52
附录A　表单 ·· 53
附录B　常用数据表 ··· 73
附录C　公路工程施工定额测定与编制实例 ··· 76
本规程用词用语说明 ··· 105

1 总则

1.0.1 为满足公路工程施工定额测定与编制的需要，统一公路工程施工定额的测定与编制流程、测定与编制方法和数据分析处理方法，促进公路工程施工定额测定与编制的规范化、科学化、标准化、信息化，制定本规程。

1.0.2 本规程适用于公路新建、改扩建工程及养护工程的施工定额测定与编制。

条文说明

　　本规程为行业推荐性标准。公路新建、改扩建、养护工程施工定额的测定与编制均可依据本规程进行。

1.0.3 测定、编制施工定额的定额水平应为平均先进水平。

条文说明

　　本条明确规定了施工定额的定额水平为平均先进水平。平均先进水平是低于先进水平而略高于平均水平的，这种水平能使先进者有一定的压力；使处于中间水平者感到定额水平可望可及；对于落后者不迁就，使其认识到必须花大力气去改善施工技术，提高技术操作水平，珍惜劳动时间，节约材料消耗，尽快达到定额的水平。所以，平均先进水平是一种可以鼓励先进、勉励中间、鞭策落后的定额水平，是编制施工定额的理想水平。

1.0.4 拟选择作为测定、编制施工定额的工序或分项工程，均应在正常施工条件下形成稳定、连续的规模施工，且工程质量合格。

条文说明

　　本条规定了现场技术测定法应满足的条件，稳定、连续作业的条件对保证定额水平的合理性至关重要。

1.0.5 施工定额的测定与编制除应符合本规程的规定外，尚应符合国家和行业现行有关标准的规定。

2 术语和符号

2.1 术语

2.1.1 定额 quota

在正常施工条件下，经过科学测定、分析和计算而确定的完成规定计量单位的符合国家技术标准和质量评定标准，并反映一定时间施工技术和工艺水平的产品，所必需的人工、材料、机械设备的数量标准。

2.1.2 施工定额 construction quota

完成一定计量单位的某一施工过程或基本工序所需消耗的人工、材料和机械台班数量标准。

2.1.3 正常施工条件 normal working conditions

在正常的水文、环境、气候条件下，按照技术先进、经济合理的实施性施工组织设计，合理安排组织施工生产，合理配备人工、机械、材料等资源，产品的质量、安全、环保等均符合国家现行技术标准要求。

2.1.4 劳动定额 labor quota

在正常施工条件下，完成单位合格产品所需消耗的人工工日数量标准。

2.1.5 机械定额 mechanical quota

在正常施工条件下，完成单位合格产品所需消耗的机械台班数量标准。

2.1.6 材料消耗定额 material quota

在正常施工条件下，完成单位合格产品所需消耗的材料数量标准。

2.1.7 时间定额 time quota

完成单位合格产品或完成一定工作任务量的劳动时间消耗的数量标准。

2.1.8 产量定额 output quota

在单位时间内完成合格产品或一定工作任务量的数量标准。

2.1.9 机械纯工作时间 mechanical pure working time

机械完成基本操作所消耗的时间，包括有效工作时间、不可避免的无负荷工作时间、与工艺过程的特点有关的不可避免中断时间。

2.1.10 机械1h纯工作正常生产率 pure working productivity of the machinery in an hour

在正常施工条件下，具有必需的知识和技能的技术工人操作机械1h的产量。

2.1.11 机械时间利用系数 time utilization factor of the machinery

机械在工作班内对工作时间的利用率，是机械纯工作时间与定额时间的比值。

2.1.12 材料净消耗量 net consumption of the material

形成工程实体的材料消耗数量。

2.1.13 材料损耗量 wastage of the material

场内运输及操作过程中不可避免的材料损失数量。

2.1.14 工作分解结构分析法 work breakdown structure analysis（WBS）

以工序作业中可测量的人工、机械、材料为导向，对工程项目按单位工程、分部工程、分项工程、工序、工序作业逐级分解，并归纳、定义整个工程项目的工序作业的工作内容。每分解下降一层代表对工序作业更详细的定义。

2.1.15 工序 process

组织上不可分割，在操作过程中，技术上属于同类的施工过程。工序的特征：劳动者、劳动对象、劳动工具和工作地点均不发生变化。

2.1.16 工序作业 process operation

能够完整地实现特定目标的工序组成单元。

2.1.17 定时点 appointed time

工序中相邻两工序作业之间的分界标志。当操作者按工艺进行操作到达定时点时，标志着前一工序作业的结束，后一工序作业的开始。

2.1.18 延续时间 duration

对某一工序作业进行一次完整观测所获得的时间值。

2.1.19 粗大误差 gross error

在测定过程中，偶然产生的某些不应有的反常因素造成的观测数值超出正常测定误差范围的小概率误差。

2.1.20 随机误差 random error

在测定过程中，一系列有关因素微小的随机波动而形成的具有相互抵偿性的误差。

2.1.21 定额水平 quota level

定额所规定的完成单位合格产品的人工、机械、材料消耗数量的高低。

2.1.22 平均先进水平 average advanced level

在正常施工条件下，大多数作业班组和生产者经过努力能够达到或超过的水平，是一种可以鼓励先进、勉励中间、鞭策落后的定额水平。

2.1.23 摄像分析 photograph analysis

利用现代摄像技术手段，记录施工现场现行生产流程、作业活动和操作方法，从而进行系统分析和比较，以寻求经济合理的程序和方法的过程。

2.1.24 周转材料 revolving materials

施工过程中，能多次使用并基本保持其原来的实物形态，其价值逐渐转移到工程成本中去，但不构成工程实体的工具性材料。

2.2 符号

a——估计数据最小值；

b——估计数据最大值；

C——水泥混凝土配合比中的水泥用量；

K——外掺剂的场内运输及操作损耗率；

k——周转材料的损耗率；

M——外掺剂占水泥用量的百分比值；

m——估计数据最可能值；

N——周转及摊销次数；

N_t——纯工作时间；

n——进行粗大误差识别与处理的数据个数；

n_1——粗大误差识别与处理后的数据个数；

n'——必要观测次数；

Q——单位产品××材料定额消耗量；

q——每 $1m^2$ 模板脱模剂用量；

S——工程结构与模板的接触面积；

T——定额时间合计值；

t——工时定额消耗量；

$\bar{t}$——估计数据加权平均值；

V——工程结构设计实体体积；

V_i——数据残值；

x_i——测定的第 i 个数值；

$\bar{x}$——算术平均值；

$\bar{x}_1$——小于算术平均值的所有数值的平均值；

$\bar{x}_2$——平均先进值，即定额消耗量；

LCL——数值下限；

UCL——数值上限；

λ——正态分布标准离差系数；

σ——数据标准差。

3 基本规定

3.1 施工定额测定与编制总流程

3.1.1 施工定额测定与编制总流程如图3.1.1所示。

图 3.1.1 施工定额测定与编制总流程图

条文说明

该编制流程是综合了相关国家标准、人力资源部关于企业劳动定额制定的相关方法,以及交通运输行业有关公路工程施工定额编制方法的相关成熟经验后确定的,囊括了编制施工定额需要完成的所有工作,清晰表述了公路工程施工定额编制的程序和内容。本规程按此流程图所示内容分章节编写。

3.2 准备阶段

3.2.1 前期调研应包括下列内容:
1 施工定额执行情况和存在的问题。
2 收集、积累的历史造价数据。
3 新技术、新工艺、新设备、新材料等"四新"技术项目分布区域。
4 调查了解拟新编或修订的施工定额项。
5 收集、熟悉相关的工程技术标准、操作规范、操作规程及质量标准等。

3.2.2 工作计划应包括下列内容:
1 测定与编制施工定额的目的、任务及指导思想。
2 明确施工定额测定与编制的范围,制订定额编制方案。
3 明确测定与编制施工定额总目标、阶段性目标和计划完成时间。
4 明确施工定额的主编单位、参编单位及主要编制人员的资质、资格及任务分工。
5 明确施工定额测定与编制的经费来源,编制经费使用计划。
6 确定施工定额测定与编制的技术路线及数据信息传递流程。

3.2.3 施工定额编写大纲应包括下列内容:
1 拟测定与编制的施工定额项目。
2 拟测定与编制的施工定额章、节划分。
3 拟测定与编制的施工定额的总说明、章说明、节说明的总体要求。
4 施工定额附录应包含的内容。
5 施工定额支持性文件应包含的内容。

3.3 选择测定项目、确定测定对象

3.3.1 选择测定项目应满足下列要求:
1 所选择的项目必须在正常施工条件下组织生产,且已经形成稳定、连续的施工作业环境。
2 质量、安全、环保体系健全,项目管理有序,施工组织合理。
3 实施性施工组织设计技术先进、经济合理,并严格按照施工组织设计组织施工。

4 分部分项工程质量、工序质量以及产品质量应符合国家或行业现行的技术标准、安全操作规程和工程质量评定标准要求。

5 分部分项工程、单位工程施工方案和施工工艺在技术上先进、经济上合理，机械设备配套合理。

6 作业班组健全，生产工人技术娴熟，能够严格执行施工安全、环保和劳动保护的操作要求，重要岗位持证上岗。

7 已观察测定了人工、机械、材料消耗量数据的工序，其工序质量经事前或事后检验应是合格的，否则，所测定的数据应予剔除。

3.3.2 确定测定对象：劳动定额、机械定额、主要材料与部分辅助材料应以工序作为测定对象；部分辅助材料及周转材料应以分部分项工程或单位工程作为测定对象。

条文说明

3.3.1、3.3.2 为保证定额水平而提出的定性要求，分别从施工组织、质量体系保证、技术方案的先进合理性、人工和机械设备的技术成熟度等方面提出要求。

3.4 选择测定与编制方法

3.4.1 在测定公路工程施工定额时，应结合设计施工图、施工组织设计、施工工艺和拟测定施工定额项目的具体内容，选择测定与编制方法。

3.4.2 应在所选择的方法中确定一种方法作为主要方法，其他方法可作为辅助补充、对照验证。应按下列原则选择方法：

1 劳动定额、机械定额以写实法和测时法为主，其他方法为辅；在信息化管理基础良好、摄像分析技术应用有效、造价数据积累丰富且可靠的条件下，以统计分析法为主，其他方法为辅。

2 各种混合料原材料净消耗量以试验室试验法为主，其他方法为辅。

3 钢筋、型材等材料的净消耗量以直数法为主，其他方法为辅。

3.4.3 施工定额的测定与编制方法详见表3.4.3。

表3.4.3 施工定额测定与编制方法一览表

测定与编制方法		适 用 范 围	
		概要	详细
现场技术测定法	写实法	人工、机械、材料	适用测定人工工作时间、机械工作时间消耗量及材料消耗量
	测时法	人工、机械	适用测定定时重复工作的工时消耗，主要用来测定人工的基本工作时间和机械循环作业时间，是目前精度最高的一种测定方法

续表 3.4.3

测定与编制方法		适用范围	
		概要	详细
理论计算法	试验室试验法	原材料	适用于分析计算各类混合料中原材料的净消耗量
	直数法	型材、周转	适用于钢筋、型材等材料的净消耗量的编制与计算
统计分析法		人工、机械、材料	适用于在原始数据积累丰富、真实、可靠的情况下，人工、机械、材料施工定额的分析、编制
经验估计法		人工、机械	适用于次要定额、临时性定额、缺项定额及不易计算工作量的零星工程的施工定额的估计
比较类推法		人工、机械	适用于同类型规格多、批量小的中间产品或工序的施工定额编制

条文说明

因本规程涉及较多的定额测定和编制方法，本条将其以表格的形式汇总整理，便于查阅与选择合适的方法。

现有的定额测定理论体系将现场技术测定法分为测时法、写实记录法、工作日写实法三种。工作日写实法是一种研究工人或机械在整个工作班内，按时间消耗顺序，进行现场写实记录来分析工时利用情况的一种测定方法，其实质是一种扩大了的写实记录法。故本规程将现场技术测定法分为测时法和写实法。

3.5 数据采集与测定

3.5.1 数据采集与测定应满足下列规定：
1 应对人工、机械和材料消耗量分别进行采集。
2 应参照表 3.4.3 选择适宜的方法进行测定。
3 原始数据记录应填写清楚、规范。

3.6 数据整理与分析

3.6.1 数据整理与分析应满足下列规定：
1 数据分析处理宜采用信息化处理手段。
2 汇总计算过程中，数值统一采取四舍五入并保留两位小数。
3 数据整理汇总后，原始资料及汇总表应留存。
4 从数据汇总表中直接摘录定额计算成果至施工定额表中时，应将汇总表中计量单位换算为定额表的计量单位后，得出施工定额的具体数值。
5 当修订定额为省级（或企业）定额时，对比定额应选取本省（或企业）已有相同定额项目的消耗量或其人工、材料及机械费用合计进行对比评价。

6 数据分析处理人员应具备数学、统计、工程造价专业的知识背景，以及操作常用办公软件的能力。

7 应与数据记录者或复核者保持联系，及时沟通关于原始数据记录表汇总至汇总表时不清楚的内容。

条文说明

为保证定额测定和编制过程中原始数据的准确性、整理过程的严密性以及处理数据的规范性与精确性，特编制本条。

3.7 编制施工定额文本

3.7.1 施工定额文本应包括总说明、章节说明、定额表、附录、必要的条文说明。

3.7.2 新（修）编的施工定额文本编制完成后，应将施工定额测定、编制阶段的原始数据、信息、资料分类整理，编印成册或汇总形成电子文档，归档保存，以确保定额编制的可追溯性。

3.7.3 在施工定额测定过程中，应对工序、分部分项工程、单位工程等进行编码，编码规则应符合现行行业标准及相关规范的要求。

条文说明

3.7.1~3.7.3 施工定额编制支持性资料的有效归档储存，对于事后验证定额编制成果的准确性，采用统计分析法和比较类推法时提取数据信息，节约编制时间，减少人员投入具有较大的应用价值。

4 劳动定额、机械定额数据采集与测定

4.1 劳动定额、机械定额数据采集与测定流程

4.1.1 劳动定额、机械定额数据采集与测定流程如图 4.1.1 所示。

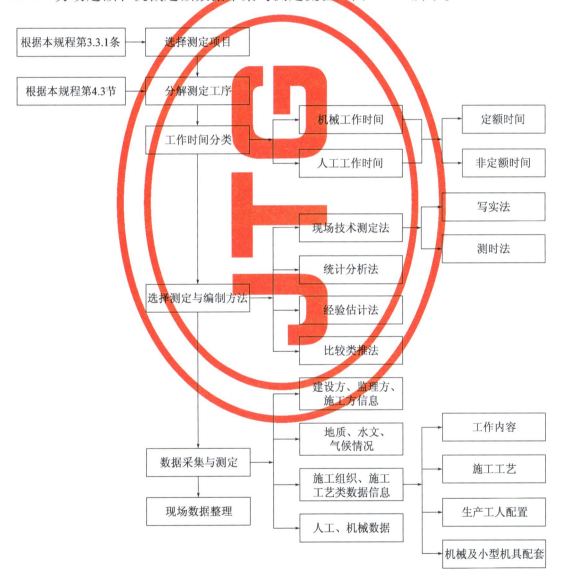

图 4.1.1 劳动定额、机械定额数据采集与测定流程图

4.2 选择测定项目

4.2.1 根据本规程第 3.3.1 条的规定选择测定项目。

4.2.2 根据本规程第 3.2.2 条的规定制订施工定额测定与编制工作计划。

4.3 测定工序分解

4.3.1 工序分解应采用工作分解结构分析法（WBS）分解：

1 根据现行《公路工程质量检验评定标准 第一册 土建工程》（JTG F80/1）的规定，将选定的施工项目按单位工程、分部工程、分项工程逐级分解标定至工序。

2 根据项目的施工组织、施工工艺特点，用工作分解结构分析法（WBS），将工序进一步分解为工序作业，并形成详细的工序作业清单。

条文说明

工序作业划分的合理性、有效性决定了定额测定与编制的可操作性，本条规定了工序作业划分的原理——工作分解结构分析法（WBS）。

4.3.2 工序分解可选用下列方法：

1 自上而下法：从项目最大的单位工程开始，逐级分解为下一级的多个子项，如图 4.3.2-1 所示。使用自上而下法的分解工序应满足下列要求：
  1）能检测并评价其工序质量。
  2）能独立描述工序的工作内容、施工工艺及机械配套。
  3）能测定人工工时、机械工时。
  4）能测定材料的消耗量。
  5）能计量产品的数量。

2 自下而上法：从最基本的人工、机械、材料等资源配置入手，从工序作业逐级合并归类为工序、分项工程、分部工程、单位工程，逐级合并归类的要求同本条第 1 款，如图 4.3.2-2 所示。

3 编码规则：分解完成后，应对拟测定工序进行编码，编码规则应符合现行行业标准或相关规范要求。

4.3.3 分解工序应满足下列技术要求：

1 在准备阶段，应详细了解项目的建设标准、类型、施工进度、施工方案、施工工艺，采取自上而下与自下而上相结合的方法，与施工项目管理团队、现场工程师、一线生产工人、机械操作人员等进行有效的沟通，详细编制工序作业清单。

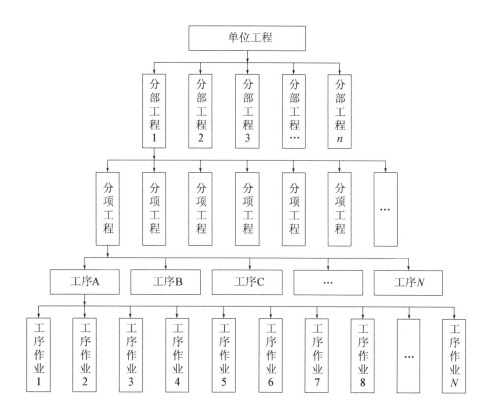

图 4.3.2-1　自上而下法原理图

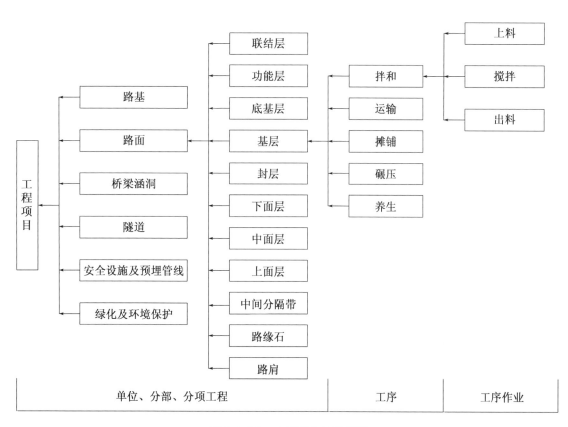

图 4.3.2-2　自下而上法示意图

2 分解的工序作业应分解能够计量、便于观察、便于计时测量，同时应满足下列要求：

1）每一项工序作业宜对应到人工、机械、材料。

2）机械与生产工人的作业方式宜按纯人工作业、纯机械作业、机械为主人工配合作业、人工为主机械配合作业进行分类。

3）机械的作业方式宜按循环作业机械和非循环作业机械进行划分。

4）在使用测时法时应满足下列要求：

a）应准确划分基本工作时间和辅助工作时间；

b）应准确划分机动时间、手动时间与机手并动时间；

c）应将定量作业与变量作业分开；

d）应将重复作业、间断作业分开；

e）应将手动操作与机动操作分开；

f）工序作业的工作时间应不小于2.4s。

3 分解后的工序作业应没有交叉，不重不漏。

4 确定相邻工序作业的定时点应满足下列要求：

1）定时点应是前一项工序作业结束，后一项工序作业开始的分界点，是区分相邻两项工序作业的一个明显标志。

2）定时点必须定在容易看到光线、听到声音或容易区分的两项工序作业的瞬间。

3）两项工序作业之间的界面必须清晰，易于记录时间。

条文说明

4.3.2、4.3.3 对工序作业类型进行划分，便于选择合理、适用的表格进行定额测定与编制工作。

（1）纯机械作业是指以纯机械作业或辅以小型机械（或少量人工）作业的施工过程，测定的对象是机械工作时间。

（2）纯人工作业是指以纯人工作业或辅以小型机械作业的施工过程，测定的对象是工人工作时间。

（3）机械为主人工配合作业是指以机械操作为主，人工配合的人、机并动的过程。测定的对象包括机械工作时间和工人工作时间。

（4）人工为主机械配合作业是指以人工操作为主，机械配合的人、机并动的过程。测定的对象包括工人工作时间和机械工作时间。

关于测时法中分解工序的技术要求是基于以下因素考虑的：

（1）基本工作时间和辅助工作时间应分开：因基本工作时间的大小主要取决于工程量的大小，而辅助工作时间与施工工艺、施工工具和施工现场的工作条件等有关。

（2）机动时间和手动时间与机、手并动时间应分开：因为机动时间比较稳定，容易测定；手动时间与机、手并动时间则主要靠人力来决定，不够稳定，需要认真观测记录。

（3）定量作业、变量作业应分开：定量作业是指在工作环境和劳动条件相近的情况下，其延续时间基本相等；变量作业是指即使各种劳动条件不变，由于加工对象本身的特点，如物体的重量、形状、大小、密度、硬度、黏度等因素的变化，使延续时间不确定。在划分时，应注意将二者区分开。

关于定时点的具体要求是基于以下因素考虑的：

（1）定时点应易于辨认，尽量选择听觉、视觉、触觉易于发现的动作作为起止点。

（2）在某一次测时中，定时点一旦确定，就要严格遵守，不得任意变动，以保证测时数据的稳定性。

（3）划分要尽可能详细，但其延续时间不小于2.4s，这是有经验的测时员进行精确观测记录的极限值。

4.4 工作时间分类

4.4.1 应根据工作时间消耗的数量及其特点将工作时间消耗进行分类，工作时间应为工作班延续时间。

4.4.2 工作时间消耗应分为工人工作时间消耗和工人所操作的机械工作时间消耗。

条文说明

确定时间定额和产量定额，必须研究施工中的工作时间。研究的目的是将工作时间按消耗性质进行分类，以便研究工时消耗的数量及其特点。

工作时间，指的是工作班延续时间。对工作时间消耗的研究，可以分为两个系统进行，即工人工作时间消耗和工人所操作的机械工作时间消耗。

4.4.3 工人在工作班内消耗的工作时间，按其消耗的性质应分为定额时间（必须消耗的时间）和非定额时间（损失时间）两大类，如图4.4.3所示。

条文说明

定额时间（必须消耗的时间）是工人在正常施工条件下，为完成一定合格产品（工作任务）所消耗的时间，是制定定额的主要依据，包括有效工作时间、休息时间和不可避免中断时间。

非定额时间（损失时间）是指与产品生产无关而与施工组织和技术上的缺点有关，与工人在施工过程中个人过失或某些偶然因素有关的时间消耗。非定额时间（损失时间）包括多余和偶然工作时间、停工时间、违反劳动纪律损失时间。

（1）工人工作定额时间（必须消耗的时间）

①有效工作时间

有效工作时间是指与产品生产直接有关的时间消耗，包括基本工作时间、辅助工作时间、准备与结束工作时间的消耗。

基本工作时间，是工人完成一定产品的施工工艺过程所消耗的时间。基本工作时间的长短和工作量大小成正比。

辅助工作时间，是为保证基本工作能顺利完成所消耗的时间。在辅助工作时间里，不能使产品的形状、大小、性质或位置发生变化。辅助工作时间长短与工作量大小有关。

准备与结束工作时间，是执行任务前或任务完成后所消耗的工作时间。准备与结束工作时间的长短与所负担的工作量大小无关，但与工作内容的复杂程度有关。这项时间消耗可以分为班内的准备与结束工作时间和任务的准备与结束工作时间。其中，任务的准备与结束工作时间是在一批任务的开始与结束时产生的，如熟悉图纸、准备相应的工具、事后清理场地等，通常不反映在每一个工作班内。

②不可避免中断时间

不可避免中断时间，是由于施工工艺特点引起的工作中断所必需的时间，应包括在定额时间内，但应尽量缩短此项时间消耗。

③休息时间

休息时间，是工人在工作过程中为恢复体力所必需的短暂休息和生理需要的时间消耗。休息时间的长短和劳动条件、环境、气候、气温等有关，劳动繁重紧张、劳动条件差（如高温、高寒、高海拔），则休息时间需要长一些。在测定施工定额时，应合理确定休息时间。

（2）工人工作非定额时间（损失时间）

①停工时间

停工时间，是工作班内停止工作造成的工时损失。停工时间按其性质可分为施工本身造成的停工时间和非施工本身造成的停工时间。

施工本身造成的停工时间，是由于施工组织不善、材料供应不及时、工作面准备工作做得不好、工作地点组织不良等情况引起的停工时间。

非施工本身造成的停工时间，是由于水源、电源中断引起的停工时间。

②违反劳动纪律损失时间

工人违反劳动纪律损失时间，是指工人在工作班开始和午休后的迟到、午饭前和工作班结束前的早退、擅自离开工作岗位、工作时间内聊天或办私事等造成的工时损失。由于个别工人违反劳动纪律而影响其他工人无法工作的时间损失也包括在内。

③多余和偶然工作时间

多余和偶然工作的时间损失，包括多余工作引起的工时损失和偶然工作引起的时间损失两种情况。

多余工作，是工人进行了任务以外的工作而又不能增加产品数量的工作。多余工作的工时损失，一般都是由于工程技术人员和工人的差错引起。

偶然工作，是工人在任务外进行的工作，但能够获得一定产品。由于偶然工作能获得一定产品，拟定定额时可适当考虑其影响。

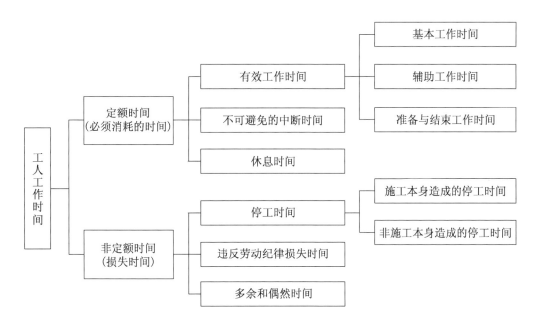

图 4.4.3 工人工作时间分类

4.4.4 机械工作时间，按其性质应分为定额时间（必须消耗的时间）和非定额时间（损失时间）两大类，如图 4.4.4 所示。

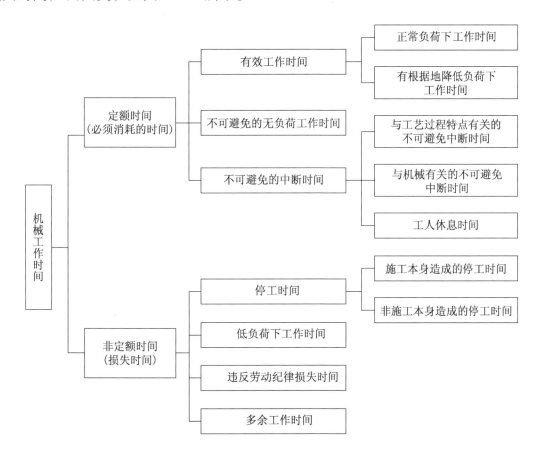

图 4.4.4 机械工作时间分类

条文说明

机械工作时间的定额时间（必须消耗的时间）包括有效工作时间、不可避免的无负荷工作时间和不可避免的中断时间，是编制机械台班消耗施工定额的主要依据；非定额时间（损失时间）包括机械的停工时间、低负荷下工作时间、违反劳动纪律损失时间和多余工作时间。

（1）定额时间（必须消耗的时间）

①有效工作时间

有效工作时间包括正常负荷下工作时间和有根据地降低负荷下工作时间。

正常负荷下工作时间，是指机械在与机械说明书规定的额定负荷相符的情况下进行工作的时间。

有根据地降低负荷下工作时间，是指在个别情况下由于技术上的原因，机械在低于其计算负荷下工作的时间。

②不可避免无负荷工作时间

不可避免无负荷工作时间，是由施工过程的特点和机械结构的特点造成的机械无负荷工作时间。

③不可避免的中断时间

不可避免的中断时间，包括与工艺过程的特点、机械、工人休息时间有关的中断时间。

与工艺过程的特点有关的不可避免中断时间，有循环的和定期的两种。

循环的不可避免中断，是在机械工作的每一个循环中重复一次，如汽车装货和卸货的停车时间。定期的不可避免中断，是经过一定时期重复一次，如把灰浆泵由一个工作地点转移到另一个工作地点的中断。

与机械有关的不可避免中断时间，是由于工人进行准备与结束工作或辅助工作时，机械停止工作而引起的中断时间，是与机械的使用与保养有关的不可避免中断时间。

工人休息时间。

（2）非定额时间（损失时间）

①停工时间

停工时间按其性质可分为施工本身造成和非施工本身造成的停工。前者是由于施工组织不合理而引起的停工现象，如由于未及时供给机器水、电、燃料而引起的停工。后者是由于气候条件、非承包人原因所引起的停工现象。

②低负荷下工作时间

低负荷下工作时间，是由于工人或技术人员的过错所造成的施工机械在降低负荷的情况下工作的时间，如工人装车的砂石数量不足引起的汽车在降低负荷的情况下工作所延续的时间。

③违反劳动纪律损失时间

违反劳动纪律损失时间，是由于工人迟到、早退或擅离岗位等原因引起的机器停工时间。

④多余工作时间

机械的多余工作时间，一是机械进行任务内和工艺过程内未包括的工作而延续的时间；二是机械在负荷下所做的多余工作。

4.5 选择测定与编制方法

4.5.1 选择劳动定额、机械定额的测定与编制方法，除应满足本规程第 3.4 节的要求外，尚应满足本规程第 4.5.2~4.5.6 条的要求。

4.5.2 选择写实法应符合下列要求：

1 适用范围：适用于测定本规程图 4.4.3、图 4.4.4 所示的所有人工工作时间消耗和机械工作时间消耗。

2 技术要求：

1）应以工序为对象，观察、测定整个工作班内的生产工人、机械设备的工时消耗。

2）观察、测量对象可以是一个生产工人、单台机械设备、小型机具，也可以是一组生产工人、一组机械设备或一组小型机具。

3）测定、记录各种分项工作时间，包括基本工作时间、辅助工作时间、不可避免的中断时间、准备与结束工作时间以及各种损失时间。

4）观察、记录施工定额的基础资料。详细记录工作班内的生产工人配置，机械配套，小型机具配套，施工配合比，拌和站拌和记录，施工时的天气、温度、水文等各种数据和信息。

5）验证施工定额的符合性。应详细记录工时损失量及相关数据资料，从施工组织、施工工艺、机械组合、生产工人配置等方面进行验证，并对相关数据予以修正。

3 观测次数：同一道工序在同一施工项目观察、测定时，使用写实法连续观察、测定应不少于 3~5 个工作日，且单人操作时测定人数不少于 3 人，集体操作时观测组数不少于 3 组。

条文说明

关于写实法观测次数要求，是综合了写实记录法和工作日写实法的观测次数要求确定的。

（1）写实记录法的观测次数是通过表 4-1 实现精确度控制的；工作日写实法则规定：当工作日写实目的是为了取得编制定额的基础资料时，需要测定 3~4 次；当工作日写实目的是为了检查定额的执行情况时，需要测定 1~2 次。

表 4-1 写实记录法最短测定延续时间表

项目	测定总延续时间的最小值（h）			测定完成产品的最低次数		
观测人员组织类型	单人	集体		单人	集体	
		2~3人	4人以上		2~3人	4人以上
同时观测的施工过程类型数目	个人或集体的最低个数					
	3人	3个小组	2个小组			
1	16	12	8	4	4	4
2	23	18	12	6	6	6
3	28	21	14	7	7	7
4	32	24	16	8	8	8
5	36	27	18	9	9	9
6	39	30	20	10	10	10
7	42	32	21	11	11	11
8	45	34	23	11	11	11
9	48	36	24	12	12	12
10	50	38	25	13	13	13

（2）根据工作日写实法的规定，并在写实记录法最短测定延续时间表中进行验证，本条规定的写实法观测次数可满足要求。

4.5.3 选择测时法应符合下列要求：

1 适用范围：适用于测定定时重复工作的工时消耗，不宜独立测定时间定额。

2 技术要求：

1）在纯机械作业、机械为主人工配合作业或者人工为主机械配合的作业方式中，对机械设备（含小型机具）的工作时间进行进一步的精确计时观察。

2）对人工或机械（含小型机具）的基本工作时间进行进一步的精确计时观察。

3）对人工为主机械配合的循环工序作业进行测时观察。

4）对纯人工或纯机械（含小型机具）的循环工序作业进行测时观察。

3 观察次数：同一道工序在同一施工项目观察测定时，使用测时法连续观察测定次数应为12~15次，且按预定测定次数测定后还应按本规程式（6.3.2-4）对观测总次数进行验证。

条文说明

测时法精确度较高，主要用来提高测定人工的基本工作时间消耗精度和机械的纯工作时间消耗精度。该法不研究工人休息、准备与结束等其他工作时间。

测时法的预定观测次数是基于误差理论的研究结果。误差理论研究认为测量精度与测量次数的平方根成反比（图4-1），当观测次数大于10以后，算术平均值的标准差已减少得非常缓慢,此外,由于测量次数越多,越难保证测量条件的恒定,从而带来新的误差。因此,为尽量减少事后补测带来的不便,规定初测次数为 12~15 次。

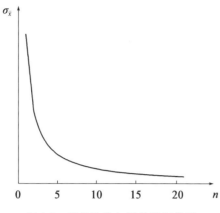

图 4-1 测量次数与测量精度关系

4.5.4 选择统计分析法应符合下列要求:

1 适用范围:适用于信息化管理系统和摄像分析技术应用程度较高,原始数据积累丰富、真实、可靠的施工项目。

2 技术要求:以积累的同类施工项目的统计数据资料为基本依据,经过分析整理,结合施工组织设计,统计分析劳动定额、机械台班定额。

3 选择项目的条件:使用统计分析法选择测定项目的要求,除应满足本规程第 3.3.1 条规定的条件外,尚应满足下列条件:

1)项目管理规范,建立了信息管理系统或有效使用了摄像分析技术,所需的数据资料便于查询及统计分析。

2)项目成本核算做到了按分部分项工程或工序统计或核算,采集的人工工时、机械台班消耗量基础数据便于分析整理。

3)使用了摄像分析技术,施工现场安装了现场监控,影像资料、电子数据保存完整。

4)机械管理规范,能够做到单机核算。

4 样本数量要求:同一施工定额项采集的样本数量应不少于 7 组。

条文说明

统计分析法数组要求在 7 组以上,是参考相关资料和统计经验规定的。

4.5.5 选择经验估计法应符合下列要求:

1 适用范围:适用于次要定额、临时性定额、缺项定额及不易计算工作量的零星工程的施工定额的估计。

2 技术要求:

1)进行经验估计的人员应是工程技术、机械管理、物资管理、成本管理、财务管理和造价管理等方面的专家。
　　2）应以设计施工图纸、施工组织设计、技术规范、操作方法等作为估计的依据。
　　3）应就某项定额所需的人工、机械的工时消耗量，分别估计出最小值、最可能值和最大值。
　　3　样本数量要求：同一施工定额项采集的样本数量应不少于7组。

条文说明

　　经验估计法数组要求在7组以上，是参考相关资料和统计经验规定的。

4.5.6　选择比较类推法应符合下列要求：
　　1　适用范围：适用于同类型规格多、批量小的中间产品或工序的施工定额推算。
　　2　技术要求：应以同类或相似类型的产品或工序的典型定额项目的定额数据为标准，通过分析比较，类推出同一级定额中相邻项目的定额数据。
　　3　样本数量要求：同一施工定额项采集的样本数量应不少于3组。

4.6　数据采集与测定的内容

4.6.1　宜了解建设方、监理方、施工方下列信息：
　　1　概要了解建设方、监理方对工程质量、工程进度、工程造价管控的信息资料。
　　2　调查了解施工单位的资质、信誉、质量、安全、进度等信息，调查了解施工单位的技术水平、生产能力、机械设备的配置水平、生产工人配置等信息。
　　3　详细了解施工项目的工程进度、工程规模，确定现场采集与测定数据的合适时间。

4.6.2　应全面记录施工地点及施工沿线地质、水文、气候情况，并详细了解已经选定的观察测定地点当天的气温、天气情况。

4.6.3　应采集并重点摘录下列数据信息：
　　1　设计施工图纸及实施性施工组织设计。
　　2　用于施工的施工工法及施工技术规范中规定的施工方法。
　　3　单位工程、分部分项工程的施工方案、施工工艺。
　　4　机械配套、小型机械配套的规格、型号、数量。
　　5　生产工人、辅助工人的工种、技术等级、数量。

4.6.4　应按本规程第4.7节的规定采集和测定人工、机械数据。

4.7 数据采集与测定步骤

4.7.1 一般规定：

1 应仔细研究，自觉收集，长期积累人工、机械消耗量的原始数据。

2 可以函调的方式，向造价管理部门、造价咨询单位、施工企业广泛收集施工定额原始数据、资料。

3 应经常性地收集、研究、分析施工单位对施工定额的使用情况。

4 应在调研的基础上，查阅选定项目的信息管理系统、摄像分析系统，摘录、采集编制施工定额所需的原始数据和资料。

5 应以召开专家会议的形式或函询的方式向数位专家就某项施工定额征询意见，亦可发放调查表，对某项定额数据进行调查。

6 项目施工现场技术测定。

4.7.2 现场技术测定法步骤：

1 现场技术交底：

1) 应详细介绍拟观察工序的要求、需项目配合的工作等。

2) 应详细介绍需项目提供的设计施工图纸、实施性施工组织设计、施工工艺、机械设备等资料的名称和内容。

3) 应详细介绍施工项目工程概况、施工进度，正在施工的分部分项工程或工序名称及施工地点，了解工序施工的开始与结束时间、连续作业时间等信息。

2 拟定正常施工条件：

1) 应按下列要求拟定人工工作的正常施工条件：

a) 工作地点的合理组织与安排。工人工作地点的组织安排应有条不紊，没有窝工。工人工作之间应互不干扰，料具摆放合理、便于取用；工作场地应清洁、有序。

b) 合理拟定测定对象。应按本规程第4.3节的规定划分测定工序。较为简单、技术含量低的工序应由技术熟练程度低的工人完成；较为复杂、技术含量高的工序应由技术熟练程度高的工人完成。需要多个工人完成的工序，应合理配置生产工人人数和工种。

c) 科学拟定劳动组织。应合理配置作业班组生产工人人数、技术工人人数以及劳务协作队伍数量，并明确相互协作的关系。

2) 应按下列要求拟定机械工作的正常施工条件：

a) 拟定工作地点的合理组织。应对施工地点机械、材料的放置位置、工人工作场地做出科学合理的平面布置和空间安排。应确保施工机械和操作机械的工人能在最小的范围内移动、运转和操作。

b) 拟定合理的工人配置。根据机械设备的性能和额定负荷、生产工人的专业分工和劳动工效，合理配置配合机械施工的生产工人人数，并对工人的技术等级和工种做出规定。

c）参与机械施工的工人有两类：一类是机械驾驶人员，一类是配合机械施工的生产工人。机械驾驶人员工时消耗在机械费用台班定额中考虑，不包括在施工定额内；配合机械施工的生产工人的工时消耗包含在施工定额内。

3　测定准备：

1）被选择观察测定的工序应在正常施工条件下，进入稳定、连续的规模施工，且工序质量合格。

2）根据本规程第4.3节的规定分解拟观察测定的工序名称、工序内各项工作内容、工序作业及相邻工序作业的定时点。

3）根据本规程第4.4节的规定，研究工序作业的工作时间特点，准确划分工作时间分类，研究施工过程可能出现的各种必然事项和偶然事项。分别将工序作业名称、工序编码以及事项名称填入本规程表A.1.5.1.a、表A.1.5.1.b、表A.1.5.2.a、表A.1.5.2.b。

4）人员分工：应根据定额测定小组人员配备情况，分成若干观测小组。准备测时工具、测量产品数量的工器具、各种原始记录表格以及摄像机、电子记录设备等。

5）计时工具：可采用秒表，亦可使用智能手机中的秒表计时功能。无论采用何种计时工具，同一道工序的各组人员均应使用同一种测时工具，且在测时前对表，并对测时工具的精确度进行确认、校对。

6）测定数据精度：测定数据以秒为单位，小数点后保留两位数。

4　写实法数据测定与记录：

1）将被观察工序的施工过程、施工方案、施工组织、施工工艺、工序名称、工作内容、混合料配合比等填入本规程表A.1.1。

2）将被观察工序生产工人工种、数量、工作内容等填入本规程表A.1.2。

3）将被观察工序机械设备名称、规格、数量、功能填入本规程表A.1.3。

4）将被观察工序的小型机具名称、规格、数量、功能等填入本规程表A.1.3。

5）现场技术测定基本工作时间、辅助工作时间、准备与结束工作时间、不可避免的中断时间、休息时间等，逐项计入本规程表A.1.5.1.a、表A.1.5.1.b、表A.1.5.2.a、表A.1.5.2.b。

5　测时法数据测定与记录：

1）分解拟测定工序的工作内容，并确定各个相邻工序作业的定时点。

2）准备计时工具。

3）明确测时小组成员：2名计时员、1名记录员。

4）将测时数据计入本规程表A.1.6。

5）观测过程中如有中断时间，应单独记录，并注明起止时间。不正常因素也应予以记录。

6　现场技术测定法应注意下列事项：

1）测定小组成员应在不干扰现场施工的情况下测定数据，并应严格遵守施工现场安全制度，按要求佩戴安全帽。

2) 认真分析、明确判断定额时间、非定额时间所包含的各类工作时间特点，以确保计时观察的有效性和精确性。

7 测定对象工作水平评定：现场测定劳动定额时应对劳动人员的工作水平进行评定。工作水平的评定标准见表 4.7.2。详细评分见本规程表 A.1.4。

表 4.7.2 点数法评分表

评价指标	等级				
	优	良	中	差	劣
技巧性	30	27	24	21	18
努力程度	26	23	20	17	14
工作均匀一致性	16	14	12	10	8
工作环境	18	16	14	12	10
总评分	90	80	70	60	50

条文说明

第 7 款采用点数法对劳动人员工作水平进行评定，旨在剔除测定对象的个性，将实测时间调整为正常条件下劳动者以正常的工作速度进行操作所需要的时间，以便制定出达到平均先进水平的施工定额。

点数评分法以技巧性、努力程度、工作均匀一致性、工作环境四要素来评定，每一要素再按优、良、中、差、劣五种程度分等级，并规定不同的评定分数，其中：

（1）技巧性指操作者的技术熟练程度，也可以叫手脑并用的协调程度。

（2）努力程度指操作者进行作业的努力程度，即操作者讲究效率的意识和情绪如何，是个人态度对工作的反映。在一定的技巧水准下，操作者可以控制这个因素，使工作效率达到更好的水平。为了避免个别操作者有意延长工作时间，在观测时用努力程度这个评定因素是必要的。

（3）工作均匀一致性指操作者在同样的各个工作周期中前后表现是否一致。

（4）工作环境指直接影响操作者的湿度、温度、照明、通风、噪声、振动等工作环境条件。设备、工具、材料等条件，不应放在此因素内考虑。

定额观测或记录人员应注意观察与分析，并对操作者的作业速度、熟练程度、有无动作失误、主观努力等做出恰当的评定，按表中所示等级对应的分数进行打分。

4.7.3 统计分析法数据采集：

1 将采集的施工组织、施工工艺、机械设备与小型机具配套、生产工人配置等数据填入本规程表 A.1.1、表 A.1.2、表 A.1.3。

2 将分析计算或函询、现场调研采集的劳动定额、机械定额数据，填入本规程表 A.1.7、表 A.1.8。

4.7.4 经验估计法数据采集：

1 召开专家会议：应邀请 7 名以上涉及工程技术、机械管理、物资管理、成本管理、财务管理、造价管理方面的专家，以会议的形式，就某项定额进行估计。

2 将经验估计法调查表（表 A.1.9）发给与会的各位专家，请他们背靠背根据经验分别写出该项工序的人工工时、机械台时的最短工作时间、最可能工作时间、最长工作时间。

4.7.5 比较类推法数据采集：

1 应收集至少 3 组拟测定定额项的同类或相似类型的产品或工序的典型定额数据。

2 以收集的数据作为标准，分析、比较、类推同一级定额中相邻项目的定额数据。

4.8 现场数据整理

4.8.1 现场数据测定或采集完成后，应及时进行下列工作：

1 检查工程量计算、简图是否正确。
2 检查完善文字记录，补充不全面的文字记录。
3 检查记录数字是否规范、清楚。

4.8.2 发现可疑数据，应及时查阅原始资料并予以矫正，或及时补测。

条文说明

4.8.1、4.8.2 为了详细记录现场施工过程的各种细节，本规程设计了多种类型的施工现场情况记录表，现场记录的信息量非常大，数据整理分析时，各种表格的数据之间还需要嵌套。因此，本规程规定必要时可以简图代文字或简要记录文字，但观测人员在现场应及时补充完整缺失的图文信息，便于内业整理计算。

5 材料定额数据采集与测定

5.1 材料消耗量定额数据采集与测定流程

5.1.1 材料消耗量定额数据采集与测定流程如图 5.1.1 所示。

图 5.1.1 材料消耗量定额数据采集与测定流程图

条文说明

本条主要是根据已有的材料定额测定方法及施工企业材料消耗量核算方法制定的。

5.1.2 材料消耗量构成：

1 本规程所指的材料应为主要材料、辅助材料和周转材料。

2 本规程所指的材料消耗量，应为在合理用料条件下，完成单位合格产品所需的材料净消耗量、场内运输不可避免的损耗量和操作过程中不可避免的损耗量。

条文说明

材料消耗量包括材料的净消耗量和材料的损耗量,这是由材料运用于工程中的实际消耗情况决定的,在整个公路工程定额体系中,编制材料施工定额时,材料的损耗只考虑场内运输与操作损耗。

5.1.3 材料消耗量定额应按下列方法分析计算:

$$材料消耗量定额 = 材料净用量 \times (1 + 材料损耗率)$$

$$损耗率 = (场内运输 + 操作过程)不可避免的损耗量 / 材料净用量 \times 100\%$$

5.2 选择测定项目

5.2.1 选择测定项目的条件与要求同本规程第3.3.1条。

5.3 分解确定测定对象

5.3.1 单位工程、分部工程、分项工程、工序的分解方法与要求同本规程第4.3节。

5.3.2 确定测定对象:主要材料和外掺剂(脱模剂)等辅助材料消耗量定额应以工序作为测定对象;焊条、扎丝、雷管、炸药等辅助材料及周转材料应以分部分项工程或单位工程作为测定对象。

5.4 选择测定与编制方法

5.4.1 在选择材料定额测定与编制方法时,除应满足本规程第3.4节的要求外,尚应满足本规程第5.4.2~5.4.4条的要求。

5.4.2 现场技术测定法:用于材料消耗量定额数据采集与测定的主要方法为写实法。选择写实法应符合下列要求:

1 适用范围:适用于采集与测定主要材料、辅助材料、周转材料的消耗量、损耗量的原始数据。

2 技术要求:

1)观察测定对象:应以作业班组连续工作日、工序作业、分部分项工程或单位工程作为观察、测定对象。

2)观察测定工具:水准仪、全站仪、测钎、钢卷尺等。

3)应至少跟踪观察、测定3~5个工作日。

5.4.3 理论计算法:主要包括试验室试验法和直数法。

1 选择试验室试验法应符合下列要求：
1）适用范围：适用于根据施工配合比计算沥青类、水泥类、水稳类及水泥砂浆等各类混合料中各种原材料净消耗量。
2）技术要求：
a）计算各种原材料净消耗量的配合比应为施工配合比。
b）同强度等级的混合料施工配合比采集组数应不少于3组。
2 选择直数法应符合下列要求：
1）适用范围：适用于计算钢筋、型材、周转材料等构件材料的净消耗量。
2）技术要求：
a）主要材料：应根据设计图纸、标准结构图直接数出材料设计数量，即为材料的净消耗量。
b）周转材料：应根据缠丝机、施工平台、施工支架、模板等单项施工设计图纸直接数出周转材料的净消耗量。

5.4.4 统计分析法：统计分析法的适用范围、技术要求、选择项目的条件、样本数量要求等同本规程第4.5.3条。

5.5 数据采集与记录

5.5.1 原始数据采集与测定：应采集各类型路基、路面结构的各种材料的松方密度、天然密度、压实方的干密度、松铺系数等填入本规程表A.1.1。

5.5.2 现场技术测定法：使用现场技术测定法采集、测定数据应遵循下列步骤。
1 观察、记录各类混合料施工配合比填入本规程表A.2.4。
2 观察、测定焊条、扎丝、雷管、炸药实际用量填入本规程表A.2.1。
3 观察、测定模板、支架、钢管桩的周转或摊销次数填入本规程表A.2.5第7列。

5.5.3 理论计算法：理论计算法包括试验室试验法和直数法。
1 使用试验室试验法应按下列步骤：
1）配合比采集：采集砂浆、水泥混合料、沥青混合料、稳定土类等各类混合料施工配合比填入本规程表A.2.4。
2）计算方法：材料净消耗量的计算方法详见本规程表A.2.4。
2 使用直数法采集、测定数据应按下列步骤：
1）主要材料：应根据设计图纸、标准结构图直接数出材料设计用量，填入本规程表A.2.1并计算材料消耗量。
2）周转材料：应根据缠丝机、施工平台、施工支架、模板等单项施工设计图纸直接数出周转材料的图纸设计用量，填入本规程表 A.2.5 第 5 列。

3）损耗量：可根据本规程第 5.5.4 条第 4 款分析计算，也可查询现行《公路工程预算定额》（JTG/T 3832）损耗率计算得出。

5.5.4 统计分析法：应查询项目信息管理系统、摄像分析系统、监控设备或材料管理台账，采集记录基础数据，按下列步骤分析计算。

1 钢筋、型材类材料消耗量统计分析方法：查阅设计图纸或材料管理台账，摘录设计净用量、实际分析的净用量、损耗量填入本规程表 A.2.1，并统计分析材料消耗量。

2 石材类材料消耗量统计分析方法：查阅材料管理台账，摘录材料的到场数量、出库数量、库存数量、返工损失量，测量施工现场堆放数量填入本规程表 A.2.2，并统计分析材料消耗量。

3 焊条、扎丝、雷管、炸药类辅助材料统计分析方法：用现场技术测定法测定材料用量填入本规程表 A.2.1，并统计分析材料消耗量；查阅材料管理台账，摘录材料的到场数量、出库数量、库存数量、返工损失量，测量施工现场堆放数量填入本规程表 A.2.2，并统计分析材料消耗量。

4 材料损耗量与损耗率应按下列方法计算：

1）查阅材料管理台账，摘录材料的到场数量、发出数量、库存数量、返工损失量填入本规程表 A.2.3。其中，到场数量为到场过磅计重数量。

2）实际测量施工现场已经出库但尚未使用材料的堆放数量，填入本规程表 A.2.3。

3）损耗量 = 到场过磅计重数量 - 库存量 - 材料净用量 - 现场堆放量 - 返工损失量，该损耗量已经包含了场内运输和操作过程中不可避免的损耗量。

4）损耗率 = 损耗量 ÷ 材料净用量 × 100%。

5）计算方法见本规程表 A.2.3。

条文说明

5.5.1～5.5.4 对现场技术测定法、理论计算法及统计分析法的数据采集与测定过程进行了规定，明确了各种方法在材料数据采集与测定时需要记录的各种参数，为材料定额的制定提供全面的基础资料。

5.6 辅助材料定额数据采集与测定

5.6.1 水泥外掺剂计算：应采用现场技术测定法、统计分析法采集施工配合比等原始数据，填入本规程表 A.2.4，可按该表计算水泥、外掺剂的净用量，也可按式（5.6.1）计算。

$$Q = CM(1 + K) \tag{5.6.1}$$

式中：Q——单位产品或工程结构水泥混凝土外掺剂定额消耗量（kg/m³）；
　　　C——水泥混凝土配合比中的水泥用量，即1m³水泥混凝土的水泥消耗量（kg/m³）；
　　　M——外掺剂规定用量，一般规定其为水泥用量的百分比值（%）；
　　　K——外掺剂的场内运输及操作损耗率（%）。

5.6.2 脱模剂计算：单位产品或工程结构脱模剂消耗量，应按式（5.6.2）计算。

$$Q = \frac{qS}{V} \tag{5.6.2}$$

式中：Q——单位工程结构脱模剂消耗量（kg/m³）；
　　　q——每1m²模板脱模剂用量（kg/m²）；
　　　S——工程结构与模板的接触面积（m²）；
　　　V——工程结构体积（m³）。

5.6.3 其他辅助材料测定。焊条、扎丝类和雷管、炸药类，可参考本规程第5.4.2条、第5.5.2条现场技术测定法，第5.4.3条第2款、第5.5.3条第2款直数法，第5.4.4条、第5.5.4条统计分析法，进行测定。

5.7 周转材料定额数据采集与测定

5.7.1 周转材料的分类：按周转材料在施工生产过程中的用途不同，可分为型材、钢结构和金属设备三大类，详见本规程表B.1。

条文说明
　　本条规定了周转材料的分类。
　　周转材料作为一种工具型材料被多次使用在施工生产过程中，如各种钢（木、组合钢）模板、各种钢支架、万能杆件、贝雷架、钢轨等。
　　公路工程的结构形式复杂多变，不同周转材料能充分周转使用的次数也不尽相同，为了更准确地编制周转材料的消耗定额，需要对常用的周转材料进行较详细地分类，本条周转材料的分类方法是对国内部分大型公路工程施工企业周转材料的分类方式进行总结的成果。

5.7.2 周转材料定额的表现形式为规定周转次数或规定摊销次数下的消耗量或金额，可分为下列几种方式：
　　1　一次性摊销。适用于不能周转使用、改造成本过高或易腐、易糟的型材、钢结构等周转材料。
　　2　多次周转摊销。适用于经常使用或使用次数较多的型材、钢结构等周转材料。

3 按桥次/隧次摊销。适用于大型桥梁、长大隧道项目使用的大型、专用金属设备。

条文说明

本条规定了周转材料的定额表现形式是根据周转材料在实际运用中的周转或摊销次数而确定的。对于安全网、异型钢模、不能回收的水中钢护筒等采用一次性摊销方式；对于钢轨、万能杆件等采用多次周转摊销方式。

5.7.3 周转材料定额数据采集与测定流程如图5.7.3所示。

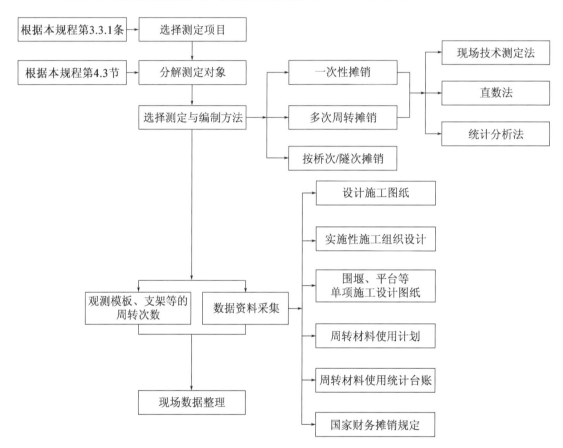

图 5.7.3 周转材料定额数据采集与测定流程图

条文说明

本条规定了周转材料定额编制的流程和方法。测定流程是根据施工企业周转材料管理办法和实际运用情况，并经过现场验证、多次研讨而编写的，且设计了相应的测定表格。

5.7.4 编制周转材料定额应收集、测定下列数据资料：
1 项目的工程设计施工图纸。
2 施工平台、支架、模板、猫道、钢板桩、钢护筒、钢围堰等单项施工设计图纸，并摘录计算周转材料相关的数据，填入本规程表 A.2.5、表 A.2.6。

3 实施性施工组织设计、施工工艺，并摘录相关资料填入本规程表 A.1.3。

4 收集周转材料使用计划，并摘录计算周转材料相关的数据，填入本规程表 A.2.5、表 A.2.6。

5 收集周转材料使用的统计台账，并摘录计算周转材料相关的数据，填入本规程表 A.2.5、表 A.2.6。

6 收集国家财务制度，相关数据摘录填入本规程表 A.2.5、表 A.2.6。

7 一次或多次周转材料周转次数现场测定。采用本规程第 5.4.2 条、第 5.5.2 条现场技术测定法观察、测定模板、支架、钢管桩等周转材料的周转次数，填入本规程表 A.2.5。

5.7.5 周转材料定额编制方法选择与数据采集记录应符合下列规定：

1 根据本规程第 3.3.1 条选择测定项目。

2 根据本规程第 4.3 节分解测定对象。一次/多次周转的周转材料可以分解至工序或分部分项工程，以工序或分部分项工程作为测定对象；按桥次/隧次摊销的金属设备，可以单位工程或施工项目作为测定编制对象。

3 根据本规程第 5.7.1 条和第 5.7.2 条分析确定周转材料定额的测定与编制方法。

4 一次性摊销材料应按下列方法计算：

1）不能回收的材料消耗量可按本规程第 5.4.2 条、第 5.5.2 条现场技术测定法，本规程第 5.4.3 条第 2 款、第 5.5.3 条第 2 款直数法或本规程第 5.4.4 条、第 5.5.4 条统计分析法分析计算。

2）能部分回收，但不能重复使用的，按残值率计算残值，扣除残值后全部计为一次性损耗。

3）一次性损耗量的计算方法同本规程第 5.4.2 条、第 5.5.2 条现场技术测定法，本规程第 5.4.3 条第 2 款、第 5.5.3 条第 2 款直数法或本规程第 5.4.4 条、第 5.5.4 条统计分析法。

5 多次周转材料消耗量应按式（5.7.5）计算：

$$定额用量 = \frac{图纸一次使用量 \times (1 + 场内运输及操作损耗)}{周转次数（或摊销次数）} \quad (5.7.5)$$

6 一次或多次周转的消耗量计算所需的基础数据填入本规程表 A.2.5。

7 按桥次/隧次摊销应按下列步骤：

1）首先应根据金属设备的性能预计金属设备的使用寿命或使用年限。

2）根据同类金属设备使用年限，分析估计该金属设备预计使用的桥次或隧次，据此计算该设备每桥次/隧次应摊销的总摊销率（该数据也可通过查阅项目财务、机械、物资的管理台账获得），填入本规程表 A.2.6。

3）调查桥梁（隧道）项目的施工计划工期，填入本规程表 A.2.6。

4）计算每桥次/隧次每年应摊销金额，计算方法详见本规程表 A.2.6。

5.8 现场数据整理

5.8.1 现场数据整理同本规程第 4.8 节。

6 数据分析处理与施工定额的编制

6.1 数据分析处理与施工定额编制流程

6.1.1 通过本规程第4.8节、第5.9节整理后的定额原始数据,应按图6.1.1所示流程进行汇总、分析与处理,最终形成定额消耗量值。

图6.1.1 数据分析处理与施工定额编制流程图

条文说明

数据汇总、分析与处理及施工定额编制流程,是依据误差处理理论及施工定额的编制方法与要求制定的,主要包括原始数据的汇总整理、原始数据的分析处理与定额消耗量的确定、定额消耗量水平的评价与调整,以及施工定额的文本编制四个部分。

由于量测方法和量测设备的不完善、自然环境的影响及受人们认识能力的限制,测量所得数据和被测量的真值之间,不可避免存在差异,即数值上的误差。误差根据其性质、特点和产生原因,可分为粗大误差、系统误差和随机误差三类。

根据系统误差产生的原因，对定额测定过程进行分析，测量仪器采用电子的双秒表，精确度高，环境因素对测量仪器精度的影响可以忽略不计。测量方法均采用直接记录的方式，没有近似产生的误差。时间的计量主要采用时间的差值，记录者即使存在习惯偏于某一方向，对结果也不会产生影响，因此施工定额测得数据无须对系统误差进行判别和处理，原始数据整理分析流程中只包括粗大误差和随机误差的处理。

定额原始数据需保证施工定额要求水平，所以在粗大误差处理后需根据现场劳动人员的工作水平对数据进行调整。

6.2 定额原始数据分类整理

6.2.1 对测定的原始数据表，应按定额项目、测定方法和工程项目三个层次进行分类整理：
1 同一定额项目测得的所有数据汇总。
2 同一定额项目汇总的数据按测定方法分类整理。
3 同一定额项目同一测定方法测得的数据，按测得数据的工程项目分类整理。

条文说明

定额原始数据分类整理，是根据同一施工定额测定时，采用不同的测定方法、在不同的工程项目上、进行多次测定而制定的，按照定额项目、测定方法和工程项目三个层次进行分类整理。

将同一定额项目测得的所有数据进行汇总，是为了便于同一定额项目数据能整体分析；将同一定额项目汇总的数据按测定方法进行分类，是为了便于得到各方法的定额消耗量；将同一测定方法的数据按测得数据的工程项目进行分类，是为了便于数据的处理。

6.2.2 原始数据信息检查分析流程应符合下列规定：
1 结合各定额项目实际观测与统计数据表，分析本规程表 A.1.1 中工作内容及施工组织的准确性与合理性。
2 核对各定额项目实际观测与统计数据表中机械与人工数量（本规程表 A.1.2 和表 A.1.3）的一致性。
3 涉及本规程表 A.1.4 的定额项目，要核对本规程表 A.1.2 中对象评分值的准确性，并计算相应表中的调整系数。
4 检查各定额项目实际观测与统计数据表中数据的完整性。
5 对各定额项目实际观测与统计数据表中的数据，分别进行相应的数据处理。
6 处理后的数据，根据需要换算为定额单位消耗量。

条文说明

原始数据信息检查分析流程，是基于本规程所推荐的测定方法确定的，且是以"定额项目"为基础单位，说明数据信息的核实和分析过程，将规程前面章节所述的方法与本节数据的处理联系在一起，使数据处理流程更加清晰。

6.3 劳动定额原始数据分析处理（现场技术测定法）

6.3.1 劳动定额写实法原始数据分析处理与定额时间计算，按下列程序和方法进行。

1 原始数据汇总：将写实法原始数据（本规程表 A.1.5.1.b）汇总于本规程表 A.3.1.a 中。

2 粗大误差识别与处理：本规程表 A.3.1.a 中"定额单位产品的定额时间合计"数据的粗大误差，按三倍标准差法（3σ 准则）进行处理。

1) 根据式（6.3.1-1）计算各观测编号下定额单位产品的基本工作时间和其他工作时间消耗，填入本规程表 A.3.1.a 中。

$$定额单位产品的定额时间消耗 = \frac{定额时间合计}{完成定额单位工程量} \quad (6.3.1\text{-}1)$$

2) 对所得定额单位产品的定额时间按下述程序进行粗大误差识别与处理。

a) 根据式（6.3.1-2）计算算术平均值：

$$\bar{x} = \frac{\sum_{i=1}^{n} x_i}{n} \quad (6.3.1\text{-}2)$$

式中：$\bar{x}$——数据算术平均值；
x_i——测定的第 i 个数值；
n——测得的数据总个数。

b) 根据式（6.3.1-3）计算标准差：

$$\sigma = \sqrt{\frac{\sum_{i=1}^{n}(x_i - \bar{x})^2}{n-1}} \quad (6.3.1\text{-}3)$$

c) 根据式（6.3.1-4）计算控制上限：

$$UCL = \bar{x} + 3\sigma \quad (6.3.1\text{-}4)$$

式中：UCL——数值上限。

d) 根据式（6.3.1-5）计算控制下限：

$$LCL = \bar{x} - 3\sigma \quad (6.3.1\text{-}5)$$

式中：LCL——数值下限。

e) 剔除本规程表 A.3.1.a 中大于上限或小于下限的数据。

3 写实法定额数据的调整：根据本规程第 4.7.2 条的评分结果，对写实法粗大误差处理后的数据,应按下列方法进行调整。

1) 评定标准分的范围为 60~80 分,定额测定工作者应根据不同要求,在此范围内选取。

2) 根据式(6.3.1-6)计算调整系数:

$$调整系数 = \frac{总评分}{评定标准分} \quad (6.3.1-6)$$

3) 根据式(6.3.1-7)计算"调整后的定额单位产品基本工作时间消耗"和"调整后的定额单位产品其他工作时间消耗":

$$调整后的定额单位产品时间消耗 = 实测定额单位产品时间消耗 \times 调整系数$$
$$(6.3.1-7)$$

4) 调整后的数据填入本规程表 A.3.1.a 中。

4 随机误差处理:对"调整后定额单位产品的基本工作时间消耗"和"调整后定额单位产品的其他工作时间消耗"数据,应分别用式(6.3.1-8)计算每个工程项目的"调整后的项目定额单位产品基本工作时间消耗"和"调整后的项目定额单位产品其他工作时间消耗",填入本规程表 A.3.1.a 中。

$$调整后的项目定额单位产品时间消耗 = \frac{\Sigma(调整后定额单位时间消耗 \times 各次写实完成工程量)}{项目完成工程量}$$
$$(6.3.1-8)$$

5 单位产品定额时间计算:根据式(6.3.1-9)分别计算"定额单位产品基本工作时间消耗量"和"定额单位产品其他工作时间消耗量",填入本规程表 A.3.1.a 中。

$$定额单位产品时间消耗量 = \frac{\Sigma(调整后的项目定额单位产品时间消耗量 \times 各项目完成工程量)}{\Sigma 各项目完成工程量}$$
$$(6.3.1-9)$$

条文说明

本条分 5 个步骤对劳动定额写实法原始数据进行分析处理。

第 2 步骤粗大误差识别与处理的三倍标准差法(3σ 准则),是根据写实法测时记录时间较长、数据处理工作量较测时法多,且相比测时法其对于写实精度要求相对较低的情况,通过对误差理论中粗大误差处理方法的研究而选用的。三倍标准差法,适用于数据较多的误差处理情形。对实际施工定额测量误差处理常用方法的调研结果表明,三倍标准差法是普遍采用的方式。人力资源管理相关资料中,关于劳动定额测定时采用的误差处理方式也推荐三倍标准差法。

第 3 步骤定额数据的调整中,评定标准分的范围为 60~80 分。当要求定额水平较高时,可取 80 分;当要求定额水平较低时,可取 60 分。

6.3.2 劳动定额测时法原始数据分析处理与基本工作时间计算,按下列程序进行。

1 原始数据汇总：将本规程表 A.1.6 的原始数据汇总于本规程表 A.3.2.a 中。

2 粗大误差的识别与处理：根据数据个数 n 的不同，分别进行粗大误差的识别与处理。

1）数据个数 $n \leqslant 30$ 时，按狄克逊准则，根据 n 由本规程表 B.2 得到 $D(\alpha, n)$，在表 6.3.2 中选取相应的方法，对本规程表 A.3.2 中的数据进行粗大误差的识别与处理。

表 6.3.2 粗大误差狄克逊准则处理（$n \leqslant 30$）

$n < 7$	$R_1 = \dfrac{\text{数据最大值} - \text{数据次大值}}{\text{数据最大值} - \text{数据最小值}}$	$D(\alpha, n)$	当 $R_1 \geqslant R_2$	$R_1 > D(\alpha, n)$	剔除数据最大值
				$R_1 \leqslant D(\alpha, n)$	无须剔除
	$R_2 = \dfrac{\text{数据次小值} - \text{数据最小值}}{\text{数据最大值} - \text{数据最小值}}$		当 $R_1 < R_2$	$R_2 > D(\alpha, n)$	剔除数据最小值
				$R_2 \leqslant D(\alpha, n)$	无须剔除
$8 \leqslant n \leqslant 10$	$R_1 = \dfrac{\text{数据最大值} - \text{数据次大值}}{\text{数据最大值} - \text{数据次小值}}$	$D(\alpha, n)$	当 $R_1 \geqslant R_2$	$R_1 > D(\alpha, n)$	剔除数据最大值
				$R_1 \leqslant D(\alpha, n)$	无须剔除
	$R_2 = \dfrac{\text{数据次小值} - \text{数据最小值}}{\text{数据次大值} - \text{数据最小值}}$		当 $R_1 < R_2$	$R_2 > D(\alpha, n)$	剔除数据最小值
				$R_2 \leqslant D(\alpha, n)$	无须剔除
$11 \leqslant n \leqslant 13$	$R_1 = \dfrac{\text{数据最大值} - \text{数据第三大值}}{\text{数据最大值} - \text{数据次小值}}$	$D(\alpha, n)$	当 $R_1 \geqslant R_2$	$R_1 > D(\alpha, n)$	剔除数据最大值
				$R_1 \leqslant D(\alpha, n)$	无须剔除
	$R_2 = \dfrac{\text{数据第三小值} - \text{数据最小值}}{\text{数据次大值} - \text{数据最小值}}$		当 $R_1 < R_2$	$R_2 > D(\alpha, n)$	剔除数据最小值
				$R_2 \leqslant D(\alpha, n)$	无须剔除
$14 \leqslant n \leqslant 30$	$R_1 = \dfrac{\text{数据最大值} - \text{数据第三大值}}{\text{数据最大值} - \text{数据第三小值}}$	$D(\alpha, n)$	当 $R_1 \geqslant R_2$	$R_1 > D(\alpha, n)$	剔除数据最大值
				$R_1 \leqslant D(\alpha, n)$	无须剔除
	$R_2 = \dfrac{\text{数据第三小值} - \text{数据最小值}}{\text{数据第三大值} - \text{数据最小值}}$		当 $R_1 < R_2$	$R_2 > D(\alpha, n)$	剔除数据最小值
				$R_2 \leqslant D(\alpha, n)$	无须剔除

2）数据个数 $n > 30$ 时，采用格拉布斯准则，按下列步骤进行粗大误差的识别与处理：

a）根据式（6.3.2-1）计算算术平均值：

$$\bar{x} = \frac{\sum_{i=1}^{n} x_i}{n} \tag{6.3.2-1}$$

式中：$\bar{x}$——数据算术平均值；

x_i——测定的第 i 个数值；

n——测得的数据总个数。

b）根据式（6.3.2-2）计算残值绝对值：

$$|V_i| = |x_i - \bar{x}| \tag{6.3.2-2}$$

式中：V_i——数据残值。

c）将残值绝对值进行排序，得到残值绝对值的最大值 $|V_i|_{\max}$。

d）根据式（6.3.2-3）计算标准差：

$$\sigma = \sqrt{\frac{\sum_{i=1}^{n} V_i^2}{n-1}} \tag{6.3.2-3}$$

式中：σ——数据标准差。

e）根据数据个数 n，查本规程表 B.3 得到 $T_0(n, \alpha)$，计算 $T_0(n, \alpha) \cdot \sigma$。

f）判别与处理：当 $|V_i|_{max} \geq T_0(n, \alpha) \cdot \sigma$ 时，将残值绝对值为 $|V_i|_{max}$ 所对应的原始数据剔除，且对应剔除本规程表 A.3.2 中的数据。

3 测时法观测次数的检验按下列程序进行。

1）必要观测次数的计算：对粗大误差处理后的实际观测次数，应进行检验。观测次数应满足式（6.3.2-4）的要求：

$$n' = \left[\frac{20 \times \sqrt{n_1 \sum_{i=1}^{n_1} x_i^2 - \left(\sum_{i=1}^{n_1} x_i\right)^2}}{\sum_{i=1}^{n_1} x_i}\right]^2 \tag{6.3.2-4}$$

式中：n'——必要观测次数，单位为次；

n_1——粗大误差处理后的观测次数，单位为次。

2）检验应符合下列规定：

a）粗大误差处理后的实际观测次数 n_1 大于或等于计算的必要观测次数 n' 时，说明观测次数符合要求，不再补测；

b）粗大误差处理后的实际观测次数 n_1 小于计算的必要观测次数 n' 时，说明观测次数不符合要求，应补测。

4 测时法数据的调整：根据本规程第 4.7.2 条的评分结果，对测时法粗大误差处理后的数据，应按下列方法进行调整。

1）评定标准分的范围为 60~80 分，定额测定工作者应根据不同要求，在此范围内选取。

2）根据式（6.3.2-5）计算调整系数：

$$\text{调整系数} = \frac{\text{总评分}}{\text{评定标准分}} \tag{6.3.2-5}$$

3）根据式（6.3.2-6）计算各工序作业调整后的时间消耗：

$$\text{调整后的时间消耗} = \text{各工序作业实测工作时间} \times \text{调整系数} \tag{6.3.2-6}$$

4）调整后的数据填入本规程表 A.3.2.a 中。

5 随机误差处理：计算调整后数据的算术平均值，将计算结果填入本规程表 A.3.2.a 中各工序作业的"调整后的算术平均值"一栏。

6 基本工作时间计算按下列程序进行。

1）计算同一工程项目各工序时间消耗：对本规程表 A.3.2.a 中相同工程项目下"调整后的算术平均值"进行求和，得到相同工程项目每工序时间消耗。

2）计算基本工作时间：根据式（6.3.2-7）计算基本工作时间，填入本规程表 A.3.2.a。

$$基本工作时间 = \frac{\sum(各项目每工序时间消耗 \times 各项目观测总次数)}{\sum 各项目观测总次数} \quad (6.3.2\text{-}7)$$

条文说明

本条分6个步骤对劳动定额测时法原始数据进行分析处理。

第2步骤粗大误差的识别与处理方法是依据数据误差理论相关研究结果选择的。当测量次数少于30时，曼诺夫斯基准则和狄克逊准则对误差的判别效果较好。由于定额测定的数据处理工作量较大，为减少数据处理的工作量，本规程选用了狄克逊准则。根据数据需要达到的精度要求，选取显著性水平 α 为0.01。当测量次数在30~100时，格拉布斯准则（$\alpha = 0.05$）的可靠性最高，判别效果较好。

第3步骤观测次数的要求，是参照《劳动定额测时方法》（GB/T 23859—2009）中观测次数检验制定的。

第4步骤定额数据的调整中，评定标准分范围为60~80分。当要求定额水平较高时，可取80分；当要求定额水平较低时，可取60分。

第6步骤得到的是基本工作时间的技术数据。测时法在测定基本工作时间消耗时，会选取多个工程项目进行，不同项目的数据不可避免地存在差异性，为体现测量数据越多、越能反映定额项目实际的情况，在计算测时法基本工作时间时，采用对不同工程项目的数据按测量次数加权平均的处理方式。

6.3.3 劳动定额消耗量的确定，按下列方法进行。

1 劳动定额以工日为单位，每一工日的延续时间除潜水工作按6h、隧道工作按7h计算外，其余均按8h计算。

2 定额单位产品时间消耗量的计算按下列方法进行。

1）当采用写实法进行劳动定额测定时，按式（6.3.1-9）计算；

2）当采用测时法进行劳动定额基本工作时间测定时，将式（6.3.2-7）与本规程表A.3.1.a中的第17栏"定额单位产品其他工作时间消耗量"进行求和计算。

3 劳动定额采用时间定额和产量定额两种形式表示。

4 根据式（6.3.3-1）计算时间定额：

$$时间定额 = \frac{定额单位产品时间消耗量（\text{min}）}{60 \times 工日延续时间（\text{h}）} \quad (6.3.3\text{-}1)$$

5 根据式（6.3.3-2）计算产量定额：

$$产量定额 = \frac{1}{时间定额} \quad (6.3.3\text{-}2)$$

条文说明

本条是我国公路工程施工定额中，劳动定额确定的常用方法。当采用测时法＋写实法制定劳动定额时，定额时间中基本工作时间采用测时法测定的基本工作时间。

6.4 机械台班定额原始数据分析处理（现场技术测定法）

6.4.1 机械台班定额写实法原始数据分析处理按下列程序进行。

1 原始数据汇总：将写实法原始数据（本规程表 A.1.5.2.b 与表 A.1.3）进行汇总，填入本规程表 A.3.1.b 中。

2 粗大误差识别与处理：参照本规程第 6.3.1 条第 2 款执行。

3 随机误差处理：对"定额单位产品的纯工作时间消耗"和"定额单位产品的其他工作时间消耗"数据，应分别用式（6.4.1-1）计算每个工程项目的"项目定额单位产品纯工作时间消耗"和"项目定额单位产品其他工作时间消耗"，填入本规程表 A.3.1.b 中。

$$项目定额单位产品时间消耗 = \frac{\Sigma（定额单位时间消耗 \times 各次写实完成工程量）}{项目完成工程量} \quad (6.4.1\text{-}1)$$

4 单位产品定额时间计算：根据式（6.4.1-2）分别计算"定额单位产品纯工作时间消耗量"和"定额单位产品其他工作时间消耗量"，填入本规程表 A.3.1.b 中。

$$定额单位产品时间消耗量 = \frac{\Sigma（项目定额单位产品时间消耗量 \times 各项目完成工程量）}{\Sigma 各项目完成工程量} \quad (6.4.1\text{-}2)$$

6.4.2 机械台班定额测时法原始数据分析处理与纯工作时间计算，按下列程序进行。

1 原始数据汇总：将本规程表 A.1.6 的原始数据汇总于本规程表 A.3.2.b 中。

2 粗大误差的识别与处理：参照本规程第 6.3.2 条第 2 款执行。

3 测时法观测次数的检验：参照本规程第 6.3.2 条第 3 款执行。

4 随机误差处理：计算粗大误差处理后数据的算术平均值，将计算结果填入本规程表 A.3.2.b 中各工序作业的"粗大误差处理后的算术平均值"一栏。

5 纯工作时间计算按下列程序进行。

1）计算同一工程项目各工序时间消耗：对本规程表 A.3.2.b 中相同工程项目下"粗大误差处理后的算术平均值"进行求和，得到相同工程项目每工序时间消耗。

2）计算纯工作时间：根据式（6.4.2-1）计算纯工作时间，填入本规程表 A.3.2.b。

$$纯工作时间 = \frac{\Sigma（各项目每工序时间消耗 \times 各项目观测总次数）}{\Sigma 各项目观测总次数} \quad (6.4.2\text{-}1)$$

6 根据式（6.4.2-2）计算机械小时生产率：

$$机械纯工作 1\text{h} 正常生产率 = \frac{机械完成的工程量}{机械纯工作时间} \quad (6.4.2\text{-}2)$$

6.4.3 机械台班定额消耗量的确定，按下列方法进行。

1 机械台班定额消耗量以台班为单位，除潜水设备、隧道施工机械设备、变压器和配电设备外，每台班延续时间均按 8h 计算，隧道机械每台班按 7h 计算，潜水设备每台班按 6h 计算，变压器和配电设备每昼夜按一个台班计算。

2 定额单位产品时间消耗量的计算按下列方法进行：

1）当采用写实法进行机械台班定额测定时，按式（6.4.1-2）计算；

2）当采用测时法进行机械台班定额纯工作时间测定时，将式（6.4.2-1）与本规程表 A.3.1.b 中的"定额单位产品其他工作时间消耗量"进行求和计算。

3 机械台班定额采用时间定额和产量定额两种形式表示。

4 机械台班定额消耗量的确定（方法一）：适用于机械时间利用系数未知时，机械台班定额的确定。

1）根据式（6.4.3-1）计算机械时间定额：

$$机械时间定额（台班）= \frac{定额单位产品时间消耗量（min）}{60 \times 台班延续时间（h）} \quad (6.4.3-1)$$

2）根据式（6.4.3-2）计算机械产量定额：

$$机械产量定额 = \frac{1}{机械时间定额} \quad (6.4.3-2)$$

5 机械台班定额消耗量的确定（方法二）：适用于机械时间利用系数已知时，机械台班定额的确定。

1）机械纯工作 1h 正常生产率，按下列方法进行计算：

a）当采用写实法进行机械台班定额测定时，根据本规程表 A.3.1.b 中的"机械小时生产率"计算；

b）当采用测时法进行机械台班定额纯工作时间测定时，根据表 A.3.2.b 中的"机械小时生产率"计算。

2）根据式（6.4.3-3）计算机械产量定额：

机械产量定额 = 机械纯工作 1h 正常生产率 × 工作班延续时间 × 机械时间利用系数

$$(6.4.3-3)$$

3）根据式（6.4.3-4）及本规程表 A.3.1.b 计算机械时间定额：

$$机械时间定额 = \frac{1}{机械产量定额} \quad (6.4.3-4)$$

6 机械时间利用系数用机械在一个工作班内的纯工作时间与定额时间的比值表示，根据现场技术测定法，按下列方法确定。

1）根据本规程表 A.1.6 和表 A.1.5.2.b，统计计算机械在测定时段内的纯工作时间 N_t；

2）计算机械的定额时间合计值 T；

3）根据式（6.4.3-5）计算机械时间利用系数：

$$机械时间利用系数 = \frac{N_t}{T} \tag{6.4.3-5}$$

式中：N_t——纯工作时间；
　　　T——定额时间合计值。

条文说明

　　本条机械台班定额是指在合理使用机械和合理的施工组织条件下，完成单位合格产品所必须消耗的机械台班数量。
　　方法一采用"测时法+写实法"测定机械台班定额时，机械定额时间中纯工作时间采用测时法测定的纯工作时间。
　　方法二是当积累有机械时间利用系数时，只需测定机械的纯工作时间及对应的工程量，并计算小时生产率而采用的方法。
　　采用写实法测定机械台班定额时，应重视对机械时间利用系数数据的积累，故本规程在数据处理汇总表格设计中加入了计算机械时间利用系数内容。

6.4.4　小型机具定额确定按下列程序进行。
　1　统计分析本规程表 A.1.3 中小型机具的规格、型号、数量、使用时间。
　2　根据小型机具使用功能、特点、原值，可选择下列方法测算其定额值：
　1）按现场技术测定法测算：根据本规程第 4.5.2 条、第 4.7.2 条现场技术测定法采集测定原始数据，根据本规程第 6.4 节计算台班消耗量。
　2）按财务制度规定计算摊销费用：计算方法详见本规程表 A.1.10。

6.4.5　根据式（6.4.5）计算配合机械作业的人工时间定额：
$$时间定额 = 机械时间定额 \times 总人数 \tag{6.4.5}$$

6.5　材料消耗定额原始数据分析处理（现场技术测定法）

6.5.1　材料消耗定额现场技术测定法原始数据的分析处理，按主要材料、辅助材料和周转材料分别进行。主要材料定额数据的分析处理按主要材料净用量和损耗量分别进行。
　1　主要材料净用量定额数据分析处理，按下列程序进行。
　1）数据汇总整理：在材料消耗量测定表中，将材料统一换算为定额规定单位后，再将同一材料定额的数据汇总于本规程表 A.3.3。
　2）数据粗大误差的识别与处理：采用三倍标准差法（3σ 准则），参照本规程第 6.3.1 条第 2 款执行，剔除本规程表 A.3.3 中的粗大误差数据。
　3）随机误差处理：计算剔除粗大误差后数据的算术平均值，填入本规程表 A.3.3。
　4）应用式（6.5.1-1）计算主要材料净用量，填入本规程表 A.3.3。

$$\text{主要材料净用量} = \frac{\sum(\text{粗大误差处理后算术平均值} \times \text{各测定方法的样本数})}{\sum \text{各测定方法的样本数}}$$

(6.5.1-1)

2 主要材料损耗量定额数据分析处理，按下列程序进行。

1）数据汇总：采用本规程表 A.3.3 进行数据汇总。

2）粗大误差的识别与处理：采用三倍标准差法（3σ 准则），参照本规程第 6.3.1 条第 2 款执行，剔除本规程表 A.3.3 中的相应数据。

3）随机误差处理：计算剔除粗大误差后数据的算术平均值，填入本规程表 A.3.3。

4）主要材料损耗量按式（6.5.1-2）计算：

$$\text{主要材料损耗量} = \frac{\sum(\text{粗大误差处理后算术平均值} \times \text{各测定方法的样本数})}{\sum \text{各测定方法的样本数}}$$

(6.5.1-2)

条文说明

主要材料消耗包括主要材料的净用量和损耗量两大部分。主要材料原始数据粗大误差处理，选取三倍标准差法，综合考虑了数据的精度要求以及减轻数据处理的工作量两方面。

6.5.2 材料定额消耗量的确定，按主要材料、辅助材料和周转材料分别进行计算。

1 主要材料定额消耗量按下列方法确定。

1）钢筋、型材类材料定额的确定：根据随机误差处理后得到的材料净用量与损耗量，按式（6.5.2）计算其定额消耗量。

主要材料定额消耗量 = 主要材料净用量 × (1 + 主要材料损耗率)　　(6.5.2)

2）混合料材料定额的确定：应从原配合比测定数据中，选取与本规程第 6.5.1 条第 1 款得到的主要材料的净用量最接近的数据组，作为主要材料净用量值；混合料中主要材料的定额消耗量，应按式（6.5.2）计算。

2 辅助材料消耗定额的确定，参照本规程第 5.6 节执行。

3 周转材料消耗定额的确定，参照本规程第 5.7 节执行。

6.6 其他测定方法原始数据分析处理

6.6.1 统计分析法原始数据分析处理与定额消耗量的确定，按下列程序进行。

1 数据的汇总：将劳动定额与机械定额在不同项目统计得到的数据，分别填入本规程表 A.1.7 与表 A.1.8 中。

2 粗大误差的识别与处理：采用三倍标准差法（3σ 准则），参照本规程第 6.3.2 条第 2 款执行，剔除本规程表 A.1.7 和表 A.1.8 中的粗大误差数据。

3 随机误差处理：按式（6.6.1-1）计算粗大误差处理后数据的算术平均值。

$$\bar{x} = \frac{\sum_{i=1}^{n} x_i}{n} \tag{6.6.1-1}$$

式中：n——数据个数；
$\bar{x}$——算术平均值。

4 定额消耗量的确定：按式（6.6.1-2）计算二次平均值即平均先进值，作为定额消耗量。

$$\bar{x}_2 = \frac{\bar{x} + \bar{x}_1}{2} \tag{6.6.1-2}$$

式中：$\bar{x}_2$——平均先进值，即定额消耗量；
$\bar{x}_1$——时间定额和材料消耗定额，为小于算术平均值的所有数值的平均值；产量定额为大于算术平均值的所有数值的平均值。

条文说明

统计分析法的数据来源主要是过去同类工程项目实际消耗的资料，方法本身的局限性会不可避免的导致数据具有一定的滞后性，为了保证施工定额水平的平均先进性，对此类方法的数据处理需要在进行必要的数据误差处理后，通过二次平均，计算数据的平均先进值，作为定额消耗量值。

6.6.2 经验估计法原始数据分析处理与工时定额消耗量的确定，按下列程序进行。
1 对本规程第4.5.4条的专家估计数据，进行如下处理。
1）按式（6.6.2-1）计算专家估计数据的加权平均值：

$$\bar{t} = \frac{a + 4m + b}{6} \tag{6.6.2-1}$$

式中：$\bar{t}$——估计数据加权平均值；
a——估计数据最小值；
m——估计数据最可能值；
b——估计数据最大值。

2）按式（6.6.2-2）计算均方差：

$$\sigma = \frac{b - a}{6} \tag{6.6.2-2}$$

2 按下式计算工时定额消耗量：

$$t = \bar{t} + \lambda\sigma \tag{6.6.2-3}$$

式中：t——工时定额消耗量；
λ——正态分布标准离差系数，定额测定者根据测定定额水平的需求，选取 $P(\lambda)$ 值，$P(\lambda)$ 一般取0.3~0.5，根据正态分布表（本规程表B.4），查 λ 值。

6.6.3 比较类推法定额消耗量的确定，按插值法和比例系数法分别进行计算。

1 插值法：根据某区间内几组已有的定额消耗量，做出消耗量函数，用此特定函数算出该区间内其他定额消耗量。插值法主要适用于同类型规格较多、批量小的施工过程。

2 比例系数法：通过测定和分析新测定额与已有定额在差异点处的工时消耗比例，得到新测定额的定额消耗量。比例系数法主要适用于工序、施工工艺、劳动组织类似的定额项目。

6.7 修订定额消耗量水平评价

6.7.1 对修订定额消耗量水平的评价，采用新旧定额实物消耗量对比法进行。

1 实物消耗量对比法：将待评价定额的人工和机械消耗量，与已有定额进行对比，分析新测算定额的水平。步骤为：

1）选择与待评价定额具有相同工作内容的已有定额；
2）将待评价定额的人工和机械名称及消耗量等填入表6.7.1中第（2）、第（3）、第（4）列；
3）将作为对比依据的已有定额的消耗量对应地填入表6.7.1中第（5）列；
4）对比计算。

表 6.7.1 实物消耗量对比法评价定额水平

待评价定额编号：　　　　　　　　　　　　　　　　　　　　对比定额编号：

序号	人工和机械名称	单位	待评价定额的消耗量	已有定额的消耗量	比较（%）	附注
(1)	(2)	(3)	(4)	(5)	(6)=[(4)-(5)]÷(5)×100%	(7)
1						
2						
3						
…						

2 修订定额消耗量水平的评价，可按下列标准进行：

1）人工、机械中有任一项的变化量大于15%，则对已有定额进行修订；
2）人工、机械变化量均小于15%，则对已有定额不予修订。

条文说明

定额消耗量水平的评价，是造价管理部门在定额消耗量确定之后必须进行的一项技术经济分析工作，其目的是了解新编制定额中的人工、材料和机械的消耗量水平，本节规定了修订定额消耗量水平评价与调整方法。

本条针对已有定额的修订，是建立在通过实际施工过程中多次记录、存储、统计的数据，发现已有定额的消耗量水平较严重偏离实际情况的基础上进行的。因此，对待评价的定额消耗量水平，通过与已有定额消耗量的比较，评价其定额水平。依据施工定额管理方法，基于定额执行情况的统计、检查与分析资料，对于超过定额水平±15%的相应定额进行重点分析，确定了本规程中对修订已有定额水平的评价标准。

本条所述的待评价定额是指与已有定额的人工和机械消耗完全一致的情况，如果出现新设备或新工艺，则所测定额为新定额，不进行消耗量水平评价。

6.8 编制施工定额文本

6.8.1 施工定额文本的编印应符合下列格式：

1 文本格式：应由封面、目录、分项定额表、附录、总说明、章说明、节说明和附录说明构成。

2 章节划分：应按单位工程分章，按工序分节，工序名称即为定额名称。在工序名称下，应明确该工序包括的工作内容。

3 定额表应编入的内容：劳动定额、机械定额宜编入定额表，主要材料定额可编入定额表，也可编入附录，辅助材料和周转材料的原始数据宜编入附录。

6.8.2 总说明、章说明、节说明：

1 总说明应清楚描述下列内容：
1) 施工定额的适用范围；
2) 规范性引用文件；
3) 各章节包括的主要内容、工序特征、机械施工工序特征；
4) 对施工定额测定对象的质量要求和质量标准；
5) 施工定额包括的主要内容介绍；
6) 工程量计算规则；
7) 施工定额的计算方法介绍；
8) 其他需要介绍的事宜。

2 章说明、节说明应清楚描述下列内容：
1) 施工定额的适用范围；
2) 规范性引用文件；
3) 本章、节包括的主要内容、工序特征、机械施工工序特征；
4) 对施工定额测定对象的质量要求和质量标准；
5) 施工定额包括的主要内容介绍；
6) 定额工程量计算规则；
7) 施工定额的计算方法介绍；
8) 其他需要介绍的事宜。

6.8.3 定额表的具体要求：

1 定额表应包括定额名称、定额单位、文字说明、定额表和附注。

2 劳动定额、机械定额，应同时反映产量定额和时间定额。复式表示的时间定额、产量定额应为"时间定额（工日）/每工产量"或"时间定额（台班）/台班产量"。

3 定额表格式详见表 6.8.3-1、表 6.8.3-2。

表 6.8.3-1　定额编号　施工定额名称（格式一）

工作内容：
施工说明：
质量要求：　　　　　　　　　　　　　　　　　　　　　　　　单位：

项　目	机　械　定　额		劳　动　定　额			序　号
	时间定额	产量定额	技术等级	时间定额	每工产量	
编号						

表 6.8.3-2　定额编号　施工定额名称（格式二）

工作内容：
施工说明：
质量要求：　　　　　　　　　　　　　　　　　　　　　　　　单位：

项　目	机　械　定　额			劳　动　定　额			序　号
	机械1	机械2	…	技术等级	时间定额	每日产量	
	时间定额/产量定额	时间定额/产量定额					
编号							

6.8.4 文本格式：文本的编印格式可根据具体情况选用。详见表 6.8.3-1、表 6.8.3-2 和表 6.8.4。

表 6.8.4　定额编号　施工定额名称（格式三）

工作内容：
施工说明：
质量要求：　　　　　　　　　　　　　　　　　　　　　　　　单位：

项　目	单　位	代　号	子目名称		序　号
劳动定额					
材料					
…					
机械定额					

续表6.8.4

项 目	单 位	代 号	子目名称		序 号
机械1					
机械2					
机械×					
机械×					
编号					

6.8.5 材料定额编印格式及要求：

1 选择材料消耗定额的计量单位应遵循下列原则：

1）如测定的新定额是现有定额中已存在的工作内容，则采用与现有定额中相同的计量单位；

2）如测定的新增材料与已有定额中材料相比，只是强度等级的改变，则仍采用与原强度等级相同的计量单位；

3）如测定的新增材料从未在现有定额中出现过，则采用该材料市场单价的计量单位。

2 材料定额表：编制施工定额的单位应根据实际情况选择是否计算并编制材料定额表。如果需要，可按表6.8.4编排格式；如果不需要，可将计算各种材料的基础数据如混合料配合比、松方密度、干密度等编入附录，其格式详见第6.8.6条中"附录C"。

3 材料的损耗率：编制施工定额的单位应根据实际情况将材料的损耗率编入正文或附录。

6.8.6 附录：编制完成的施工定额附录应包括下列内容：

附录A 有关名称解释。

附录B 新材料、新技术、新工艺、新设备介绍。

附录C 路面材料计算基础数据表：

C.1 各种混合料路面压实干密度，编排格式见表6.8.6-1。

表6.8.6-1 各种路面材料压实干密度　　　　　　　　单位：m^3/t

路面名称	水泥稳定土基层			石灰稳定土基层				…	…
材料名称	水泥土	水泥砂	…	石灰土	石灰砂砾	…	…	…	…
干密度									

C.2 各种路面材料松方密度，编排格式见表6.8.6-2。

表6.8.6-2 各种路面材料松方密度　　　　　　　　单位：m^3/t

材料名称	粉煤灰	煤渣	…	…
松方密度	…	…		

C.3 单一材料结构压实系数,编排格式见表6.8.6-3。

表6.8.6-3 单一材料结构压实系数

材料名称	级配砾石	级配碎石	…	…
压实系数	…	…	…	…

C.4 各种沥青混合料油石比,编排格式见表6.8.6-4。

表6.8.6-4 各种沥青混合料油石比

路面名称	沥青碎石			沥青混凝土			…		…	
材料名称	粗粒式	中粒式	…	粗粒式	中粒式	…				
油石比(%)										

C.5 各种砂浆配合比,编排格式见表6.8.6-5。

表6.8.6-5 各种砂浆配合比　　单位:1m³砂浆及水泥浆

序号	项目	单位	水泥砂浆		混合砂浆	石灰砂浆	水泥浆
			砂浆强度等级				
			M5/M7.5/…	1:1/1:2/…	M2.5/M5/…	M1	32.5/…
			1	2	…		
1	32.5级水泥	kg					
2	42.5级水泥	kg					
3	熟石灰	kg					
4	中(粗)砂	m³					

C.6 各种水泥混凝土配合比,编排格式见表6.8.6-6。

表6.8.6-6 各种水泥混凝土配合比　　单位:1m³水泥混凝土

序号	项目	单位	普通/泵送/水下/防水/喷射/片石混凝土		
			碎(砾)石最大粒径(mm)		
			20/40/…		
			混凝土强度等级		
			C10/C15/C20/…		
			水泥等级强度		
			32.5/42.5/52.5		
			1	2	…
1	水泥	kg			
2	中(粗)砂	m³			
3	碎(砾)石	m³			
4	片石	m³			

C.7 损耗率编排格式详见表6.8.6-7。

表6.8.6-7 损耗率

序 号	定额名称	材料名称	损耗量	损耗率（%）

C.8 （一次/多次）周转材料的周转次数：同本规程表B.2.4。

附录D 施工定额必要的条文说明。

条文说明

6.8.1~6.8.6 施工定额作为工程建设定额体系中的基础性定额，首先，方便工程建设定额体系的建立；其次，作为消耗量定额，施工定额的内容及格式要方便计量与造价人员的使用；最后，施工定额的内容与格式要遵循内容全面、形式简单的基本原则。本条是基于以上几点对施工定额的编印内容及格式做出的详细规定。

6.9 编制施工定额支持性文件

6.9.1 施工定额支持性文件应包括下列内容：

1 原始数据整理：汇总整理施工定额编制准备、施工定额数据采集及测定、施工定额原始数据分析整理、施工定额计算等各个阶段的原始记录，编写调研报告及专题研究报告。

2 专题研讨分析资料整理：汇总整理历次专题研讨会、专家评审会等会议纪要、专家意见落实情况等，形成专题报告。

3 试验验证报告：撰写施工定额试验验证专题报告。

4 定额水平评价及调整资料。

6.9.2 施工定额支持性文件应报备相关部门或建档保存。

附录 A 表单

A.1 劳动、机械定额原始记录与计算表

A.1.1 共包括 10 类 13 种表格，表格构成如图 A.1.1 所示。

劳动、机械定额原始记录与计算表
- 表 A.1.1 施工方案及施工组织记录表
- 表 A.1.2 生产工人统计表
- 表 A.1.3 施工机械与小型机具配套记录表
- 表 A.1.4 测定对象工作水平评分表
- 表 A.1.5 写实法观测记录表
  - 表 A.1.5.1 { 表 A.1.5.1.a / 表 A.1.5.1.b }
  - 表 A.1.5.2 { 表 A.1.5.2.a / 表 A.1.5.2.b }
- 表 A.1.6 测时法原始数据记录表
- 表 A.1.7 劳动定额统计表
- 表 A.1.8 机械定额统计表
- 表 A.1.9 经验估计法调查表
- 表 A.1.10 小型机具定额摊销费用计算表

图 A.1.1 劳动、机械定额原始记录与计算表表格构成

表 A.1.1 施工方案及施工组织记录表

观察日期：	天气气温：	公路名称：	公路等级：	观测编号：
定额名称	编码	分项工程		施工单位

施工过程：[详细描述该工序的主要工作内容、施工方案（如有新技术、新工艺应重点说明，必要时单项列出）、工艺过程、实物消耗的各个环节；人工配合机械的施工情况；组成定额的各个相关消耗的说明；计时法所需的定时点]

施工组织简介：（详细描述现场平面施工的组织情况，交代对运输、储存、拌和、操作、工作面的要求以及协调配合、工序环节交接的情况等）

项目名称	目标配合比	施工配合比	项目名称	松方密度	天然密度	压实方干密度	…
水泥砂浆			土方路基				
水泥混凝土			半刚性基层				
沥青混合料			路面				
水稳类混合料			…				

记录者： 复核者：

表 A.1.2　生产工人统计表

观察日期：　　　　天气气温：　　　　公路工程项目名称：　　　　公路等级：　　　　观测编号：

定额名称			编码		分项工程	施工单位	
施工方案	序号	工种	数量	评分	工作内容		备注
纯人工作业							
机械主导人工配合							
人工为主机械配合							

记录者：　　　　　　　　　　　　　　　　　　　　　　　　　复核者：

填表说明：
1. 表 A.1.1、表 A.1.2、表 A.1.3 是一套表格配合使用，观测编号可以采用统一的编号方式。
2. 表 A.1.1 主要是结合实际施工预先设计好待测工序的劳动组织条件及施工过程。
3. 表 A.1.2 主要对待测工序的现场实际施工人员的情况进行分类调查，便于更好的描述待测定额的工作内容，以及统计劳动定额的消耗。
4. 表 A.1.3 主要描述待测工序使用的施工机械、建筑材料以及辅助施工机具的情况。

表 A.1.3　施工机械与小型机具配套记录表

观察日期：　　　　天气气温：　　　　公路名称：　　　　公路等级：　　　　观测编号：

定额名称			编码		分项工程		施工单位		
施工方案	类别	序号	名称	规格	功率	数量	工作内容		备注
纯机械作业	机械1								
	机械2								
	…								
	…								
机械主导人工配合	机械主导								
	配套机械								
人工为主机械配合	机械1								
	机械2								
	…								
	…								
小型机具									

记录者：　　　　　　　　　　　　　　　　　　　　　　　　　复核者：

注：1. 应在备注中说明机械设备的新旧程度，是否首次使用的、新型的机械设备。
　　2. 机械主导人工配合和人工为主机械配合施工方案中的人工工种、数量、评分等均填入表 A.1.3。

表 A.1.4　测定对象工作水平评分表

定额名称：		工程项目：			观测对象：小组人数（　）或（个人）							
	评分标准				组内各人得分							
等级	优	良	中	差	劣							
技巧性	30	27	24	21	18							
努力程度	26	23	20	17	14							
工作均匀一致性	16	14	12	10	8							
工作环境	18	16	14	12	10							
总评分												

记录者：　　　　　　　　　　　　　　　　　　　　　　　　　　　复核者：

填表说明：
1. 填表前需根据实际情况填写观测状况，班组作业需填写班组人数，若为单人操作则需选择个人。
2. 对观测者从表中四个方面进行五个等级的评分，将相应的得分填入右侧各人的对应表格中。
3. 将班组内成员得分的平均分作为班组的总评分，填入表格中。

表 A.1.5.1.a　人工工作时间观测记录表 1（写实法）

观测地点：			日期：		天气气温：				观测编号：			
公路工程项目名称：				公路等级：				施工单位：				
定额名称：			编码：				完成工程量：					
序号	工序作业/事项	工作人数	起止时间		时间类别及时间代号							备注
					t_z	t_g	t_{fg}	t_{bz}	t_x	t_t	t_s	t_d	t_{og}	t_j	
			起	止	延续时间（min）										
1															
2															
3															
4															
5															
6															
7															
8															
9															
10															
11															
12															
13															
14															
15															
16															
17															
18															
19															
20															

续表 A.1.5.1.a

序号	工序作业/事项	工作人数	起止时间		时间类别及时间代号									备注
					t_z	t_g	t_{fg}	t_{bz}	t_x	t_t	t_s	t_d	t_{og}	t_j	
			起	止	延续时间（min）									
21														
22														
合计														

记录者：　　　　　　　　　　　　　　　　　　　　　　　　　　　　复核者：

填表说明：

1. 表中时间类别及时间代号对应表：

人工主导	时间类别	准备工作时间	基本工作时间	辅助工作时间	不可避免的中断时间	休息时间	结束整理时间	停工时间	违反劳动纪律损失时间	多余工作时间	偶然工作时间
	时间代号	t_z	t_g	t_{fg}	t_{bz}	t_x	t_j	t_t	t_s	t_d	t_{og}

2. 表中"工序作业/事项"栏填写方法：工序作业可根据本规程第4.3节工作作业分解结果填写。事项可根据本规程第4.4节工作时间分类和现场实际的事项写实。

3. 准备与结束工作时间分为班内准备与结束工作时间和任务的准备与结束时间。前者，在工作班内观察填入本表；后者，通过座谈、查询工作台账进行统计计算，增加后的数据填入本表，不得直接涂改本表对应项的原始数据。

4. 计算各"事项"或"工序作业"的延续时间。延续时间公式：延续时间 =（终止时间 – 起始时间）× 工作人数，计算结果填入本表对应的"时间类别及时间代号"下。

5. 将本表中数据汇总于表 A.1.5.1.b 中。

表 A.1.5.1.b　人工工作时间观测记录表2（写实法）

观测地点：		日期：	天气气温：	观测编号：	
公路工程项目名称：		公路等级：	施工单位：		
定额名称：		编码：	完成工程量：	观测对象：小组人数（　）人 或（个人）	
测算时间区段			开始：　时　分　秒——结束：　时　分　秒		
一	定额时间	工作内容	消耗时间（min）（1）	百分比（%）（2）	备注（施工过程中问题与建议）
1	准备工作时间（t_z）				
2	基本工作时间（t_g）				
3	辅助工作时间（t_{fg}）				
4	不可避免的中断时间（t_{bz}）				
5	休息时间（t_x）				
6	结束整理时间（t_j）				
7	其他工作时间合计 =（1）+（3）+（4）+（5）+（6）				
8	定额时间合计 =（2）+（7）				

续表 A.1.5.1.b

二	非定额时间	工作内容	损耗时间（min）(3)	百分比（%）(4)	备注
9	停工时间（t_t）				
10	违反劳动纪律损失时间（t_s）				
11	多余和偶然工作时间（t_d 和 t_{og}）				
12	非定额时间合计				

记录者：　　　　　　　　　　　　　　　　　　　　　　　　复核者：

注：本表与表 A.1.5.1.a 配套使用。

表 A.1.5.2.a　机械工作时间观测记录表 1（写实法）

观测地点：　　　　日期：　　　　天气气温：　　　　观测编号：

公路工程项目名称：　　　　公路等级：　　　　施工单位：

定额名称：　　　　工程量：　　　　机械台数：

序号	工序作业/事项	工作人数	起止时间		时间类别及时间代号								备注
					t_{zf}	t_{ydf}	t_{bz}	t_{bw}	t_b	t_x	t_{df}	t_s	t_d	
			起	止	延续时间（min）									
1														
2														
3														
4														
5														
6														
7														
8														
9														
10														
11														

续表 A.1.5.2.a

序号	工序作业/事项	工作人数	起止时间		时间类别及时间代号								备注
					t_{zf}	t_{ydf}	t_{bz}	t_{bw}	t_b	t_x	t_{df}	t_s	t_d	
			起	止	延续时间（min）									
12														
13														
14														
15														
16														
17														
18														
19														
20														
合计														

记录者：　　　　　　　　　　　　　　　　　　　　　　　　复核者：

填表说明：

1. 表中时间类别及时间代号对应表：

机械主导	时间类别	正常负荷下工作时间	有根据地降低负荷下工作时间	不可避免无负荷工作时间	与工艺、操作有关的不可避免中断时间	与机械有关的不可避免中断时间	工人休息时间	停工及低负荷下工作时间	低负荷下工作时间	违反操作规范损失时间	多余工作时间
	时间代号	t_{zf}	t_{ydf}	t_{bw}	t_{bz}	t_b	t_x	t_t	t_{df}	t_s	t_d

2. 表中"工序作业/事项"栏填写方法：工序作业可根据本规程第4.3节工作作业分解结果填写。事项可根据本规程第4.4节工作时间分类和现场实际的事项写实。

3. 准备与结束工作时间分为班内准备与结束工作时间和任务的准备与结束时间。前者，在工作班内观察填入本表；后者，通过座谈、查询工作台账进行统计计算，增加后的数据填入本表中，不得直接涂改本表对应项的原始数据。

4. 计算各"事项"或"工序作业"的延续时间。延续时间公式：延续时间 =（终止时间 − 起始时间）× 工作人数，计算结果填入本表对应的"时间类别及时间代号"下。

5. 将本表中数据汇总于表 A.1.5.2.b 中。

表 A.1.5.2.b　机械工作时间观测记录表 2（写实法）

观测地点：		日期：	天气气温：		观测编号：	
公路工程项目名称：			公路等级：		施工单位：	
定额名称：		工程量：			机械台数：	
测算时间区段			开始：　时　分　秒——结束：　时　分　秒			
一	定额时间	工作内容	消耗时间（min）	百分比（%）	备注（施工过程中问题与建议）	
1	正常负荷下工作时间（人工、机械变化分段记录）（t_{zf}）					
2	有根据地降低负荷下工作时间（t_{xdf}）					
3	不可避免的无负荷工作时间（t_{bw}）					
4	与工艺、操作有关的不可避免中断时间（t_{bz}）					
5	与机械有关的不可避免中断时间（t_b）					
6	工人休息时间（t_x）					
7	纯工作时间合计 =（1）+（2）+（3）+（4）					
8	其他工作时间合计 =（5）+（6）					
9	定额时间合计 =（7）+（8）					
二	非定额时间	工作内容	损耗时间（min）	损失工作时间百分比（%）	备注	
10	停工及低负荷下工作时间（t_t 及 t_{df}）					
11	违反操作规范损失时间（t_s）					
12	多余工作时间（t_d）					
	非定额时间合计					

记录者：　　　　　　　　　　　　　　　　　　　　　　　　　　　　复核者：

注：本表与表 A.1.5.2.a 配套使用。

表 A.1.6 测时法原始数据记录表

观察日期与时间：　　　　　天气气温：　　　　　公路工程项目名称：　　　　　公路等级：　　　　　观测编号：　　　　　观测对象：小组人数（　）人或（个人）

定额名称：　　　　　编码　　　　　施工单位：

序号	工作内容名称		各工作内容的工时消耗（s）												工作人数	时间整理			工程量		备注
			1	2	3	4	5	6	7	8	9	10	11	12		延续时间总计	有效观测次数	算术平均值			
		起																			
		止																			
		止-起																			
		起																			
		止																			
		止-起																			
		起																			
		止																			
		止-起																			
		起																			
		止																			
		止-起																			
		起																			
		止																			
		止-起																			
一个循环总计																					
平均值总计																					

记录者：　　　　　复核者：

填表说明：
1. 本表为现场原始数据记录表，用于有效时间的测定。每测定一个定额项目填写一张，与写实法配合使用。
2. 观测编号必须按组别、时间，顺序等编列，与写实法强求一致，要求一一对应。
3. 完成产量的单位不必强求与定额单位相一致，例如定额单位为"10 立方米"时，表中可按"立方米"计。对于记录不能确定定额单位的类型，必须把工程量的平纵横尺寸详细记录下来，以便后来确定定额单位。
4. 延续时间总计 = Σ（止－起）× 工作人数。

表 A.1.7 劳动定额统计表

工作内容：

施工说明：

质量要求：　　　　　　　　　　　　　　　　　　　　单位：

项目	编号	劳 动 定 额			备 注
		技术等级	时间定额	产量定额	

记录者：　　　　　　　　　　　　　　　　　　　　　　　复核者：

表 A.1.8 机械定额统计表

工作内容：

施工说明：

质量要求：　　　　　　　　　　　　　　　　　　　　单位：

项目	编号	机 械 定 额					备 注
		机械1		机械2		…	
		时间定额	产量定额	时间定额	产量定额		

记录者：　　　　　　　　　　　　　　　　　　　　　　　复核者：

表 A.1.9 经验估计法调查表

定额名称		单位		工作内容			
	机械台时			人工工时			
工序作业/机械名称	最短工作时间	最可能工作时间	最长工作时间	技术等级	最短工作时间	最可能工作时间	最长工作时间

记录者：　　　　　　　　　　　　　　　　　　　　　　　复核者：

表 A.1.10 小型机具定额摊销费用计算表

工作内容：

施工说明：

质量要求：

序号	小型机具名称	规格型号	单位	数量	原值	摊销年限	月摊销率（％）	使用时间（月）	应摊销费用（元）	定额计量单位的摊销费用（元）	备注

续表 A.1.10

序号	小型机具名称	规格型号	单位	数量	原值	摊销年限	月摊销率（％）	使用时间（月）	应摊销费用（元）	定额计量单位的摊销费用（元）	备注
	合计										

记录者：　　　　　　　　　　　　　　　　　　　　　　　　　　　　复核者：

A.2 材料定额原始记录与计算表

A.2.1 共包括6类6种表格，表格构成如图 A.2.1 所示。

材料定额原始记录与计算表
- 表 A.2.1 材料消耗量计算表
- 表 A.2.2 材料消耗量统计计算表
- 表 A.2.3 材料损耗量计算表
- 表 A.2.4 混合料原材料净消耗量计算表
- 表 A.2.5 （一次/多次）周转材料消耗量计算基础数据统计记录表
- 表 A.2.6 金属设备按桥（隧）次摊销金额统计计算表

图 A.2.1 材料定额原始记录与计算表表格构成

表 A.2.1　材料消耗量计算表

观察地点：　　　日期：　　　施工单位：　　　观测编号：
公路名称：　　　公路等级：　　　工程名称：　　　定额名称：　　　工序编码：

序号	材料名称	规格型号	单位	（设计/现场测定）净用量	损耗量	消耗量	备注
1	2	3	4	5	6	7 = 5 + 6	

记录者：　　　　　　　　　　　　　　　　　　　　　　　　　复核者：

填表说明：
1. 该表适用直数法，可以根据设计施工图纸、单项施工设计图纸等直接统计设计数量。
2. 该表也适用现场技术测定法，可用来统计预制场每日绑扎的钢筋、扎丝或雷管、炸药等其他辅料的消耗量。
3. 第5列可填写设计施工图纸净用量。
4. 第6列可根据本规程第5.5.4条第3款分析计算，也可查询现行《公路工程预算定额》(JTG/T 3832)。

表 A.2.2　材料消耗量统计计算表

观察地点：　　　日期：　　　施工单位：　　　观测编号：
公路名称：　　　公路等级：　　　工程名称：　　　定额名称：　　　工序编码：

年		凭证		摘要	到场数量	出库数量	库存数量	施工现场堆放量（或退库数量）	返工损失量	材料消耗量
月	日	种类	号数							
1	2	3	4	5	6	7	8 = 6 − 7	9	10	11 = 6 − 8 − 9 − 10

记录者：　　　　　　　　　　　　　　　　　　　　　　　　　复核者：

填表说明：
1. 该表适用统计分析法。表中第1~7列、第10列根据项目材料管理台账统计计算得到，其中到场数量为到场过磅计重数量；出库数量应为限额领料单或领料单统计数量。
2. 第9列未退库的施工现场堆放量应通过工程盘点、现场测量分析测算得出；已经办理了退库手续的，应为退库单统计数量。

表 A.2.3　材料损耗量计算表

观察地点：　　　日期：　　　施工单位：　　　观测编号：
公路名称：　　　公路等级：　　　工程名称：　　　定额名称：　　　工序编码：

年		凭证		摘要	到场数量	出库数量	库存数量	施工现场堆放量（或退库数量）	材料净用量	返工损失量	损耗量	损耗率（%）
月	日	种类	号数									
1	2	3	4	5	6	7	8=6-7	9	10	11	12=6-8-9-10-11	13=12/10×100%

记录者：　　　　　　　　　　　　　　　　　　　　　　　复核者：

填表说明：

1. 表中第1~7列、第11列根据项目材料管理台账统计计算得到,其中到场数量为到场过磅计重数量;出库数量应为限额领料单或领料单统计数量。
2. 第9列未退库的施工现场堆放量应通过工程盘点、现场测量分析测算得出;已经办理了退库手续的,应为退库单统计数量。
3. 第10列材料净用量根据本规程第5.4.3条、第5.5.3条理论计算法计算。
4. 该损耗量已经包含了场内运输和操作过程中不可避免的损耗量。

表 A.2.4　混合料原材料净消耗量计算表

观察地点：　　　日期：　　　施工单位：　　　观测编号：
公路名称：　　　公路等级：　　　工程名称：　　　定额名称：　　　工序编码：

序号	混合料名称	混合料数量	混合料单位	定额单位数量	施工配合比	材料名称	定额单位	材料净消耗量
1	2	3	4	5	6	7	8	9=5×6
						材料1		
						材料2		
						材料3		
						…		

记录者：　　　　　　　　　　　　　　　　　　　　　　　复核者：

填表说明：

1. 该法适用于沥青类、水泥类、水稳类等各种混合料中各种原材料净用量的计算。
2. 第5列单位数量应为定额规定的相应工序的计量单位数量。
3. 当混合料组成设计采用内掺法时,采用下列方法计算：
   ① 油石比或水泥剂量 = 沥青或水泥用量 ÷（沥青或水泥用量 + 集料用量）,则有：混合料材料净用量 = 单位数量（3）× 施工配合比中材料对应百分比含量（5）;
   ② 混合料 水泥（C）或沥青（A）净用量 = 单位数量 × 施工配合比中水泥或沥青对应百分比含量;
   ③ 混合料 集料（GI）净用量 = 单位数量 × 施工配合比中集料对应百分比含量;
   ④ 混合料 矿粉（KF）净用量 = 单位数量 × 施工配合比中矿粉对应百分比含量。
4. 当混合料组成设计采用外掺法时,采用下列方法计算：
   ① 油石比或水泥剂量 = 沥青或水泥用量 ÷ 集料用量,则有：混合料材料净用量 = 单位数量（3）× 施工配合比中

材料对应百分比含量（5）÷（1+油石比或水泥剂量）；

②混合料 水泥（C）或沥青（A）净用量=单位数量×施工配合比中水泥剂量或沥青油石比÷（1+油石比或水泥剂量）；

③混合料 集料（GI）净用量=单位数量×施工配合比中集料对应百分比含量÷（1+油石比或水泥剂量）；

④混合料 矿粉（KF）净用量=单位数量×施工配合比中矿粉对应百分比含量÷（1+油石比或水泥剂量）。

5. 第3列混合料数量为试件混合料数量，应将该数量换算为单位数量填入第5列；第4列混合料单位为试件混合料单位，应换算为定额单位填入第8列。

表 A.2.5 （一次/多次）周转材料消耗量计算基础数据统计记录表

观察地点：　　　　　日期：　　　　　施工单位：　　　　　观测编号：

公路名称：　　　　　公路等级：　　　　　分部、分项工程名称：

摊销或周转方式：

序号	周转材料名称	单位	规格型号	设计数量	工程设计实体	周转次数（N）	损耗率（k）	备注
1	2	3	4	5	6	7	8	

记录者：　　　　　　　　　　　　　　　　　　　　　　　　　　　　　　　复核者：

填表说明：

1. 该表为计算周转材料的单位定额用量 Q 所需的基础数据统计记录表，周转材料的单位定额用量根据本规程第 5.7.5 条分析计算。
2. 周转材料类别：按本规程第 5.7.1 条填写周转材料，如型材、钢结构、金属设备等。
3. 摊销或周转方式：按本规程第 5.7.2 条填写摊销或周转方式，如一次性摊销、多次周转。
4. 第7列周转次数，可按本规程第 5.4.2 条、第 5.5.2 条现场技术测定法，第 5.4.3 条第 2 款、第 5.5.3 条第 2 款直数法或第 5.4.4 条、第 5.5.4 条统计分析法观察、测定、统计计算，也可查询现行《公路工程预算定额》（JTG/T 3832）。

表 A.2.6 金属设备按桥（隧）次摊销金额统计计算表

观察地点：　　　　　日期：　　　　　施工单位：　　　　　观测编号：

公路名称：　　　　　公路等级：　　　　　桩号：

序号	金属设备名称	原值（元）	本桥（隧）次总摊销率（%）	本桥（隧）次施工工期（年）	年摊销率（%）	残值率（%）	年摊销金额（元）	备注
1	2	3	4	5	6=4/5	7	8=3×(6-7)	

续表 A.2.6

序号	金属设备名称	原值（元）	本桥（隧）次总摊销率（%）	本桥（隧）次施工工期（年）	年摊销率（%）	残值率（%）	年摊销金额（元）	备注
1	2	3	4	5	6 = 4/5	7	8 = 3×(6−7)	

记录者：　　　　　　　　　　　　　　　　　　　　　　　　　　复核者：

填表说明：
1. 该表第2、3、4列的数据可通过查阅财务、机械、物资相关台账获得。
2. 第5列可查阅实施性施工组织设计中的工期计划。一般工期计划以天为单位，可按日历天数换算为年后填入该列。

A.3 数据处理汇总表

A.3.1 共包括3类5种表格，表格构成如图 A.3.1 所示。

```
                    ┌ 表 A.3.1 写实法原始数据处理汇总表 ┌ 表A.3.1.a
                    │                                 └ 表A.3.1.b
数据处理汇总表 ─────┤ 表 A.3.2 测时法原始数据处理汇总表 ┌ 表A.3.2.a
                    │                                 └ 表A.3.2.b
                    └ 表 A.3.3 材料净用量（损耗率）数据处理汇总表
```

图 A.3.1　数据处理汇总表表格构成

表 A.3.1.a　劳动定额写实法原始数据处理汇总表

定额名称						定额单位		样本总数	
工作内容									
工程项目									
观测编号									
测定日期									
延续时间									
工人数量/机械数量									
时间消耗（min）									
1	基本工作时间合计								
2	其他工作时间合计								
3	完成工程量								

续表 A.3.1.a

4	完成定额单位工程量												
5	定额单位产品的基本工作时间消耗＝（1）／（4）												
6	定额单位产品的其他工作时间消耗＝（2）／（4）												
7	定额单位产品的定额时间合计＝（5）＋（6）												
8	调整系数												
9	调整后定额单位产品的基本工作时间消耗＝（5）×（8）												
10	调整后定额单位产品的其他工作时间消耗＝（6）×（8）												
11	各项目完成定额单位工程量＝∑（4）												
12	完成工程总量＝∑（11）												
13	调整后的项目定额单位产品基本工作时间消耗＝［∑（9）×（4）］／∑（4）												
14	调整后的项目定额单位产品其他工作时间消耗＝［∑（10）×（4）］／∑（4）												
15	调整后的项目定额单位产品定额时间消耗＝（13）＋（14）												
16	定额单位产品基本工作时间消耗量＝［∑（13）×（11）］／（12）												
17	定额单位产品其他工作时间消耗量＝［∑（14）×（11）］／（12）												
18	定额单位产品定额时间消耗量＝（16）＋（17）												

整理：　　　　　　　　　　　　　　　　　　　　　　　　　　　　复核：

填表说明：

1. 表 A.3.1 为汇总统计表，用于本规程第 6 章数据处理。
2. 工作内容为待测工序实际的工作内容。
3. 工程项目为各测定的施工对象所在的项目部的名称，将相同项目测得的数据填在一起，便于统计分析。

表 A.3.1.b 机械台班定额写实法原始数据处理汇总表

	定额名称			定额单位			样本总数		
	工作内容								
	工程项目								
	观测编号								
	测定日期								
	延续时间								
	工人数量/机械数量								
	时间消耗（min）								
1	纯工作时间合计								
2	其他工作时间合计								
3	完成工程量								
4	完成定额单位工程量								
5	定额单位产品的纯工作时间消耗 =（1）/（4）								
6	定额单位产品的其他工作时间消耗 =（2）/（4）								
7	定额单位产品的定额时间合计 =（5）+（6）								
8	各项目完成定额单位工程量 = ∑（4）								
9	完成工程总量 = ∑（8）								
10	项目定额单位产品纯工作时间消耗 =［∑（5）×（4）］/（8）								
11	项目定额单位产品其他工作时间消耗 =［∑（6）×（4）］/（8）								
12	项目定额单位产品定额时间消耗 =（10）+（11）								
13	定额单位产品纯工作时间消耗量 =［∑（10）×（8）］/（9）								
14	定额单位产品其他工作时间消耗量 =［∑（11）×（8）］/（9）								
15	定额单位产品定额时间消耗量 =（13）+（14）								
16	机械小时生产率 = 定额单位/［（13）÷60］								
17	机械时间利用系数 =（13）/（15）								

整理：　　　　　　　　　　　　　　　　　　　　复核：

表 A.3.2.a 劳动定额测时法原始数据处理汇总表

定额名称：　　　观测工程项目总数：　　　工程量：　　　汇总编号：

工程项目	工序作业	观测编号	基本工作时间原始数据												定额数据调整后的算术平均值	观测总次数	相同工程项目的时间消耗	基本工作时间
			1	2	3	4	5	6	7	8	9	10	11	12				
		调整																
		调整																
		调整																
		调整																
		调整																
		调整																
		调整																
		调整																
		调整																
		调整																
		调整																
		调整																
		调整																
		调整																

整理：　　　　　　　　　　　　　　　　　　　　　复核：

填表说明：
1. 表 A.3.2 为汇总统计表，用于本规程第 6 章数据处理。
2. 工序作业为待测工序实际的工作内容。
3. 工程项目为各测定的施工对象所在的项目部的名称，将相同项目测得的数据填在一起，便于统计分析。
4. 表中"调整"后空格内填入定额调整系数，即为"总评分/评定标准分"，将各原始数据调整后填入相应的表格中。

表 A.3.2.b　机械台班定额测时法原始数据处理汇总表

定额名称：　　　　　观测工程项目总数：　　　　工程量：　　　　汇总编号：

工程项目	工序作业	观测编号	纯工作时间原始数据												粗大误差处理后的算术平均值	观测总次数	相同工程项目的时间消耗	纯工作时间	机械小时生产率
			1	2	3	4	5	6	7	8	9	10	11	12					

整理：　　　　　　　　　　　　　　　　　　　　　　　复核：

表 A.3.3 材料净用量（损耗率）数据处理汇总表

混合料名称：					
测定方法	材料名称	净用量（损耗率）	样本总数	粗大误差处理后的算术平均值	材料净用量（损耗率）

续表 A.3.3

测定方法	材料名称	净用量（损耗率）	样本总数	粗大误差处理后的算术平均值	材料净用量（损耗率）

整理：　　　　　　　　　　　　　　　　　　　　　　　　　　复核：

填表说明：
1. 样本总数是指剔除粗大误差后的样本总数。
2. 表 A.3.3 为汇总统计表，用于本规程第 6 章数据处理。
3. 测定方法为材料选用的测定方法，包括直数法、试验室试验法、写实法和周转材料的统计法。

附录 B 常用数据表

表 B.1 周转材料及金属设备分类表

1 型材	2 钢结构	3 金属设备	
1.1 工字钢、槽钢、H型钢	2.1 万能杆件	3.1 运输设备	3.4 隧道施工设备
1.2 钢管	2.2 贝雷架	3.1.1 被动平车	3.4.1 隧道专用设备
1.3 栈桥用板材	2.3 钢浮箱	3.1.2 驱动平车	3.4.2 隧道衬砌台车
1.4 栈桥用螺旋管	2.4 脚手架	3.2 公路架桥设备	3.4.3 轴流风机
1.5 钢轨	2.5 钢板桩	3.2.1 公路通用架桥设备	3.4.4 钢拱弯曲机
1.6 钢板围挡	2.6 挂篮	3.2.2 公路专用架桥设备	3.5 泵类设备
1.7 缆索	2.7 移动模架	3.2.3 节段拼装架桥设备	3.5.1 泥浆泵吸泥系统
1.8 油枕	2.8 特种桥梁专用构件（类似猫道的可周转构件等）	3.2.4 缆索架桥设备	3.5.2 深井潜水泵
…	2.9 万能模板	3.3 基础施工设备	3.5.3 泵站
…	2.10 轨道板模具	3.3.1 冲击锤	3.5.4 钻井循环泵
	2.11 其他混凝土模具	3.3.2 振动锤	3.5.5 泥浆净化器
	2.12 专用模板	3.3.3 出渣筒	3.6 滑轮组
	2.13 钢结构组合专用产品（类似钢栈架等）	3.3.4 混凝土导管	3.6.1 导链滑轮组
	…	3.3.5 移动导管架	3.6.2 轨道板滑轮组
	…	3.3.6 钻杆	…
		…	…

表 B.2 狄克逊准则判别标准 $D(\alpha, n)$

n	$\alpha = 0.01$	n	$\alpha = 0.01$
3	0.994	17	0.610
4	0.926	18	0.594
5	0.821	19	0.580
6	0.740	20	0.567
7	0.680	21	0.555
8	0.717	22	0.544
9	0.672	23	0.535
10	0.635	24	0.526
11	0.709	25	0.517
12	0.660	26	0.510
13	0.638	27	0.502
14	0.670	28	0.495
15	0.647	29	0.489
16	0.627	30	0.483

表 B.3 格拉布斯数值 $T_0(n, \alpha)$

n	α 0.05	n	α 0.05
3	1.15	17	2.47
4	1.46	18	2.50
5	1.67	19	2.53
6	1.82	20	2.56
7	1.94	21	2.58
8	2.03	22	2.60
9	2.11	23	2.62
10	2.18	24	2.64
11	2.23	25	2.66
12	2.29	30	2.74
13	2.33	35	2.81
14	2.37	40	2.87
15	2.41	50	2.96
16	2.41	100	3.17

表 B.4 正态分布表

λ	$P(\lambda)$	λ	$P(\lambda)$	λ	$P(\lambda)$	λ	$P(\lambda)$	λ	$P(\lambda)$
-2.5	0.01	-1.5	0.07	-0.5	0.31	0.5	0.69	1.5	0.93
-2.4	0.01	-1.4	0.08	-0.4	0.34	0.6	0.73	1.6	0.95
-2.3	0.01	-1.3	0.10	-0.3	0.38	0.7	0.76	1.7	0.96
-2.2	0.01	-1.2	0.12	-0.2	0.42	0.8	0.79	1.8	0.96
-2.1	0.02	-1.1	0.14	-0.1	0.46	0.9	0.82	1.9	0.97
-2.0	0.02	-1.0	0.16	0.0	0.50	1.0	0.84	2.0	0.98
-1.9	0.03	-0.9	0.18	0.1	0.54	1.1	0.86	2.1	0.98
-1.8	0.04	-0.8	0.21	0.2	0.58	1.2	0.88	2.2	0.99
-1.7	0.04	-0.7	0.24	0.3	0.62	1.3	0.90	2.3	0.99
-1.6	0.05	-0.6	0.27	0.4	0.66	1.4	0.92	2.4	0.99

附录 C 公路工程施工定额测定与编制实例

1 现场技术测定法劳动定额数据整理分析及定额消耗量的确定

1.1 写实法实例

1.1.1 人工挖运土方。

表 A.1.5.1.b 人工工作时间观测记录表 2（写实法）

观测地点：陕西西安	日期：20160103	天气气温：晴	观测编号：01
公路工程项目名称：咸阳×××	公路等级：一级		施工单位：中交××
定额名称：人工挖运普通土　编码：	完成工程量：12m³		观测对象：小组人数（5）人
测算时间区段	开始：9时10分20秒——结束：17时34分20秒		

一	定额时间	工作内容	消耗时间（min）（1）	百分比（%）（2）	备注（施工过程中问题与建议）
1	准备工作时间（t_z）	工具准备	30		
2	基本工作时间（t_g）	挖装土、运卸土20m，空回	1 583		
3	辅助工作时间（t_{fg}）	整理	83		
4	不可避免的中断时间（t_{bz}）	等待装车	30		
5	休息时间（t_x）	喝水、上厕所等	36		
6	结束整理时间（t_j）	收拾场地	15		
7	其他工作时间合计=(1)+(3)+(4)+(5)+(6)		194		
8	定额时间合计=(2)+(7)		1 777		

续表 A.1.5.1.b

二	非定额时间	工作内容	损耗时间（min）(3)	百分比（%）(4)	备注
9	停工时间（t_t）		403		
10	违反劳动纪律损失时间（t_s）		340		
11	多余和偶然工作时间（t_d 和 t_{og}）				
12	非定额时间合计		743		

记录者：　　　　　　　　　　　　　　　　　　　　　　　　复核者：

注：本表与表 A.1.5.1.a 配套使用。

表 A.1.4　测定对象工作水平评分表

定额名称：人工挖运普通土　　工程项目：咸阳×××　　观测对象：小组人数（5）

评分标准						组内各人得分						
						姓名						
等级	优	良	中	差	劣	张××	李××	王××	赵××	刘××		
技巧性	30	27	24	21	18	24	27	21	21	21		
努力程度	26	23	20	17	14	17	20	26	20	23		
工作均匀一致性	16	14	12	10	8	12	14	14	12	16		
工作环境	18	16	14	12	10	14	14	14	14	14		
总评分			71.6			67	75	75	67	74		

记录者：　　　　　　　　　　　　　　　　　　　　　　　　复核者：

表 A.3.1.a 劳动定额写实法原始数据处理汇总表

定额名称		人工挖运土方												定额单位	$1m^3$		样本总数	14
工作内容		挖、装、运20m,卸土,空回																
工程项目		咸阳×××				西安×××							汉中×××					
观测编号		01	02	03	04	11	12	13	14	15	21	22	23	24	25			
测定日期		16/01/03	16/07/12	16/08/15	16/09/25	16/08/13	16/04/08	16/09/18	16/10/25	16/10/07	17/03/15	17/04/13	17/04/13	17/05/13	17/05/12			
延续时间		8.4h	7.3h	8.4h	6.7h	5.6h	4.8h	5.9h	6.5h	6.9h	7.9h	4.6h	5.7h	6.9h	6.2h			
工人数量		5	3	7	6	7	5	5	6	8	8	7	5	6	5			
1	基本工作时间合计	1583	853	2243	1823	1630	883	1178	1703	2555	2435	1428	1226	1558	1298			
2	其他工作时间合计	194	109	295	210	202	110	166	201	310	318	162	149	197	156			
3	完成工程量	12	6.4	16.8	12.7	12.2	6.5	8.9	12.5	18.9	18.2	10.5	9	11.5	9.6			
4	完成定额单位工程量	12	6.4	16.8	12.7	12.2	6.5	8.9	12.5	18.9	18.2	10.5	9	11.5	9.6			
5	定额单位产品的基本工作时间消耗=(1)/(4)	131.92	133.28	133.51	143.54	133.61	135.85	132.36	136.24	135.19	133.79	136.00	136.22	135.48	135.21			
6	定额单位产品的其他工作时间消耗=(2)/(4)	16.17	17.03	17.56	16.54	16.56	16.92	18.65	16.08	16.40	17.47	15.43	16.56	17.13	16.25			
7	定额单位产品的定额时间合计=(5)+(6)	148.08	150.31	151.07	160.08	150.16	152.77	151.01	152.32	151.59	151.26	151.43	152.78	152.61	151.46			
8	调整系数	1.02	1	0.95	0.95	0.95	0.87	1	0.95	1	1.01	1.05	0.9	0.92	1.02			
9	调整后定额单位产品的基本工作时间消耗=(5)×(8)	134.56	133.28	126.84	136.36	126.93	118.19	132.36	129.43	135.19	135.13	142.80	122.60	124.64	137.91			
10	调整后定额单位产品的其他工作时间消耗=(6)×(8)	16.49	17.03	16.68	16.68	15.73	14.72	18.65	15.28	16.40	17.65	16.20	14.90	15.76	16.58			
11	各项目完成定额单位工程量=Σ(4)	35.2				59					58.8							

— 78 —

续表 A.3.1.a

序号	项目			
12	完成工程总量 = Σ(11)		153	
13	调整后的项目定额单位产品基本工作时间消耗 = [Σ(9) × (4)]/Σ(4)	130.64	129.96	132.98
14	调整后的项目定额单位产品其他工作时间消耗 = [Σ(10) × (4)]/Σ(4)	16.68	16.18	16.42
15	调整后的项目定额单位产品的定额时间消耗 = (13) + (14)	147.32	146.14	149.40
16	定额单位产品基本工作时间消耗量 = [Σ(13) × (11)]/(12)		131.28	
17	定额单位产品其他工作时间消耗量 = [Σ(14) × (11)]/(12)		16.39	
18	定额单位产品定额时间消耗量 = (16) + (17)		147.67	

整理：　　　　　　　　　　　　　　　　　　　　　　　　复核：

通过汇总定额项目"人工挖运土方"所有"表 A.1.5.1.b 人工工作时间观测记录表 2（写实法）"数据到"表 A.3.1.a 劳动定额写实法原始数据处理汇总表"中，得到汇总表的原始数据。劳动定额写实法原始数据整理分析如下：

1. 定额单位产品的定额时间消耗计算：

$$\text{定额单位产品的定额时间消耗} = \frac{\text{定额时间合计}}{\text{完成定额单位工程量}} \quad (6.3.1\text{-}1)$$

2. 对定额单位产品的时间消耗进行数据处理。

（1）粗大误差识别与处理：

计算算术平均值：

$$\bar{x} = \frac{\sum_{i=1}^{n} x_i}{n} \quad (6.3.1\text{-}2)$$

$\bar{x} = (148.08 + 150.31 + 151.07 + 160.08 + 150.16 + 152.77 + 151.01 + 152.32 +$
$\qquad 151.59 + 151.26 + 151.43 + 152.78 + 152.61 + 151.46) \div 14$
$\quad = 151.92$

计算标准差：

$$\sigma = \sqrt{\frac{\sum_{i=1}^{n}(x_i - \bar{x})^2}{n-1}} \quad (6.3.1\text{-}3)$$

$$\sigma = 2.65$$

计算控制上限：

$$UCL = \bar{x} + 3\sigma \quad (6.3.1\text{-}4)$$

$$UCL = 151.92 + 3 \times 2.65 = 159.87$$

计算控制下限：

$$LCL = \bar{x} - 3\sigma \quad (6.3.1\text{-}5)$$

$$LCL = 151.92 - 3 \times 2.65 = 143.97$$

剔除表中大于上限 159.87，低于下限 143.97 的数据，则粗大误差处理后的有效数据个数为 13 个。

（2）对定额单位产品的时间消耗进行调整，调整时结合数据大小与评分表结果来确定调整系数。调整结果见表 A.3.1.a。

例：表 A.1.4 的现场评分结果。

①总评分：

总评分 = 组内各人的平均得分

$$总评分 = \frac{67+75+75+67+74}{5} = 71.6（分）$$

本算例为省级定额修订，标准分取 70 分。

②调整系数：

$$调整系数 = \frac{总评分}{标准分} = \frac{71.6}{70} = 1.02$$

（3）计算各项目完成工程量：

将项目中有效数据对应的完成定额单位工程量相加，即：

咸阳×××：

$12+6.4+16.8 = 35.2$（m³）

西安×××：

$12.2+6.5+8.9+12.5+18.9 = 59$（m³）

汉中×××：

$18.2+10.5+9+11.5+9.6 = 58.8$（m³）

（4）计算完成工程总量：

$35.2+59+58.8 = 153$（m³）

（5）计算项目定额单位产品时间消耗：

$$调整后的项目定额单位产品时间消耗 = \frac{\Sigma(调整后定额单位时间消耗 \times 各次写实完成工程量)}{项目完成工程量}$$

(6.3.1-8)

以咸阳×××为例。

调整后的项目定额单位产品的基本工作时间消耗
$= (134.56 \times 12 + 133.28 \times 6.4 + 126.84 \times 16.8) \div 35.2$
$= 130.64$（min）

调整后的项目定额单位产品的其他工作时间消耗
$= (16.49 \times 12 + 17.03 \times 6.4 + 16.68 \times 16.8) \div 35.2$
$= 16.68$（min）

调整后的项目定额单位产品的定额时间消耗
$= 130.64 + 16.68$
$= 147.32$（min）

(6) 定额单位产品时间消耗量:

$$\text{定额单位产品时间消耗量} = \frac{\sum(\text{调整后的项目定额单位产品时间消耗量} \times \text{各项目完成工程量})}{\sum \text{各项目完成工程量}}$$

(6.3.1-9)

定额单位产品基本工作时间消耗量
= (130.64×35.2 + 129.96×59 + 132.98×58.8) ÷153
= 131.28 (min)

定额单位产品其他工作时间消耗量
= (16.68×35.2 + 16.18×59 + 16.42×58.8) ÷153
= 16.39 (min)

定额单位产品时间消耗量
= 131.28 + 16.39
= 147.67 (min)

(7) 劳动定额消耗量:

人工挖运土方工日时长为8h。

$$\text{时间定额} = \frac{\text{定额单位产品时间消耗量(min)}}{60 \times \text{工日延续时间(h)}}$$

(6.3.3-1)

$$x = 147.67 \div (60 \times 8) = 0.308 \ (\text{工日}/\text{m}^3)$$

即人工挖运土方的定额消耗为 0.308 工日/m³,产量定额为 3.25m³/工日,见下表:

定额编号　人工挖运土方

工作内容:挖、装、运20m,卸土,空回　　　　　　　单位:1m³

序号	项目	单位	代号	子目名称 普通土	备注
1	劳动定额	工日	1	0.308 / 3.25	

填表:　　　　　　　　　　　　　　　　　　　　　复核:

1.2 写实法 + 测时法

1.2.1 写实法同1.1。

1.2.2 测时法。

表 A.3.2.a 劳动定额测时法原始数据处理汇总表

定额名称：人工挖运土方　　　观测工程项目总次数：3　　　工程量：0.16m³

项目名称	工序作业	观测编号		每循环有效消耗时间原始数据												定额数据调整后的算术平均值	观测总次数	相同工程项目的时间消耗	基本工作时间
				1	2	3	4	5	6	7	8	9	10	11	12				
咸阳×××	挖土	01		769	780	790	786	791	765	766	748	768	801	806	796	748	119	1 192	
		调整	0.95	731	741	751	747	751	727	728	711	730	761	766	756				
		02		799	806	783	772	716	806	781	778	793	805	769	767				
		调整	0.96	767	774	752	741	—	774	750	747	761	773	738	736				
	装土	01		381	370	358	367	372	382	369	389	375	390	391	385	362			
		调整	0.95	362	352	340	349	353	363	351	370	356	371	371	366				
		02		379	368	359	386	381	396	390	371	369	387	394	400				
		调整	0.96	364	353	345	371	366	380	374	356	354	372	378	384				
运20m	01			45	52	49	51	54	57	49	52	58	49	47	56	50			
		调整	0.95	43	49.4	47	48	51	54	47	49	55	47	45	53				
		02		52	58	57	53	48	56	49	47	56	60	58	55				
		调整	0.96	50	56	55	51	46	54	47	45	54	58	43	53				
	卸土	01		9	10	10	8	9	9	10	10	9	11	9	8	9			
		调整	0.95	9	10	11	8	9	10	10	7	9	10	9	8				
		02		8	9	9	7	7	10	9	8	7	10	11	8				
		调整	0.96	8	9	11	9	9	10	10	8	7	10	11	8				
	空回	01		22	24	20	28	20	21	29	20	26	28	28	21	23			
		调整	0.95	21	23	19	27	19	20	28	19	25	27	27	20				
		02		21	27	29	20	21	20	28	21	21	28	26	27				
		调整	0.96	20	26	28	19	20	20	28	20	20	27	25	26				

续表 A.3.2.a

项目名称	工序作业	观测编号	每循环有效消耗时间原始数据												定额数据调整后的算术平均值	观测总次数	相同工程项目的时间消耗	基本工作时间
			1	2	3	4	5	6	7	8	9	10	11	12				
西安×××	挖土	01	796	785	789	777	769	810	801	795	787	796	784	773	789	120	1 264	
		02	810	811	795	765	768	793	769	778	794	790	806	790				
	装土	01	385	391	376	397	382	391	386	410	361	372	395	388	388			
		02	395	387	392	388	367	391	405	408	379	370	387	398				
	运20m	01	48	51	57	56	49	52	54	56	49	48	48	52	52			
		02	56	58	54	52	46	49	52	57	49	56	58	52				
	卸土	01	9	10	11	10	12	9	8	9	10	11	12	10	10			
		02	11	12	9	8	10	7	9	11	12	10	11	12				
	空回	01	20	29	26	28	28	25	29	20	21	22	25	22	25			
		02	29	24	28	27	29	20	21	22	29	28	29	20				
汉中×××	挖土	01	768	753	762	751	740	723	764	738	745	762	745	721	747	120	1 193	
		02	756	745	762	751	734	768	752	746	725	764	725	735				
	装土	01	368	372	354	382	361	378	385	372	365	381	375	364	367			
		02	352	387	369	356	384	372	364	351	344	350	364	350				
	运20m	01	42	43	46	48	41	40	45	46	47	49	45	42	45			
		02	46	47	42	40	43	46	48	49	47	41	42	45				
	卸土	01	9	7	8	6	10	11	9	8	7	8	9	9	8			
		02	8	6	7	6	8	9	6	7	8	8	9	6				
	空回	01	25	26	27	25	26	25	28	23	27	28	27	26	26			
		02	24	27	26	24	28	28	26	23	21	27	25	29				

整理： 复核：

测时法原始数据整理分析如下：

1. 粗大误差识别与处理：

(1) 表中 $n=24$，选用狄克逊准则进行误差的识别。

项目名称	工作内容	观测编号	时间消耗（s）										
咸阳×××	挖土	01	769	780	790	786	791	765	766	748	768	801	806	796
		02	799	806	783	772	~~716~~	806	781	778	793	805	769	767

$n=24$，选用狄克逊准则进行误差的识别。

数据从小到大排序后可知：$x_1=716$，$x_3=765$，$x_{22}=806$，$x_{24}=806$。

$$R_1=\frac{806-806}{806-765}=0$$

$$R_2=\frac{765-716}{806-716}=0.544$$

$$D(0.01, 24)=0.526$$

$R_2=0.544>0.526$，故剔除序列中最小值716，再剩余23个数继续进行误差的判别。

$n=23$，选用狄克逊准则进行误差的识别。

数据从小到大排序后可知：$x_1=748$，$x_3=766$，$x_{21}=806$，$x_{23}=806$。

$$R_1=\frac{806-806}{806-766}=0$$

$$R_2=\frac{766-748}{806-748}=0.310$$

$$D(0.01, 23)=0.535$$

$R_2=0.310<0.535$，故不存在粗大误差，无须再进行剔除。

(2) 按照上述方式，对所有数据进行数据粗大误差处理。

项目名称	工作内容	x_1	x_3	x_{22}	x_{24}	R_1	R_2	$D(0.01, 24)=0.526$
咸阳×××	装土	358	367	394	400	0.182	0.25	无粗大误差
	运20m	45	47	58	60	0.154	0.154	无粗大误差
	卸土	7	7	11	11	0	0	无粗大误差
	空回	20	20	29	29	0	0	无粗大误差
西安×××	挖土	765	769	810	811	0.024	0.098	无粗大误差
	装土	361	370	405	410	0.125	0.2	无粗大误差
	运20m	46	48	57	58	0.1	0.182	无粗大误差
	卸土	7	8	12	12	0	0.2	无粗大误差
	空回	20	20	29	29	0	0	无粗大误差

续上表

项目名称	工作内容	x_1	x_3	x_{22}	x_{24}	R_1	R_2	$D(0.01,24)=0.526$
汉中×××	挖土	721	725	764	768	0.093	0.093	无粗大误差
	装土	344	350	384	387	0.081	0.15	无粗大误差
	运20m	40	41	48	49	0.125	0.125	无粗大误差
	卸土	6	6	9	11	0.4	0	无粗大误差
	空回	21	23	28	29	0.167	0.286	无粗大误差

2. 测时法观测次数的检验：

对测时法粗大误差处理后的数据，应检验观测次数，观测次数应满足式（6.3.2-4）：

$$n' = \left[\frac{20 \times \sqrt{n_1 \sum_{i=1}^{n_1} x_i^2 - \left(\sum_{i=1}^{n_1} x_i\right)^2}}{\sum_{i=1}^{n_1} x_i} \right]^2 \quad (6.3.2-4)$$

以"卸土"为例：

项目名称	工作内容	工作编号	时间消耗（s）									
咸阳×××	卸土	01	9	10	10	8	9	11	10	7	9	11	9	8
		02	8	8	9	11	7	9	10	9	8	7	10	11	8
西安×××	卸土	01	9	10	11	10	12	9	8	9	10	11	12	10
		02	11	12	9	8	10	7	9	11	12	10	11	12
汉中×××	卸土	01	9	7	8	6	10	11	9	8	7	8	9	9
		02	8	6	7	6	8	9	8	7	8	8	9	6

测定次数 n_1 为72次。

$$n' = \left[\frac{20 \times \sqrt{72 \times 6\,056 - (650)^2}}{650} \right]^2 = 13$$

72 > 13，则测定次数符合要求，不再补测。

同理，验证所有测定次数均满足测定次数要求。

3. 定额数据调整：

根据本规程第4.7.2条的评分结果对测时法粗大误差处理后的数据进行调整。

$$调整系数 = \frac{总评分}{评定标准分} \quad (6.3.2-5)$$

$$测时法定额水平工作时间 = 测时法实测工作时间 \times 调整系数 \quad (6.3.2-6)$$

经评定"咸阳×××"项目调整系数分别为0.95与0.96，"汉中×××"与"西安×××"项目调整系数为1。

调整结果见表A.3.2.a。

4. 随机误差处理：

计算各工序作业调整后的算术平均值。

例：

	01	769	780	790	786	791	765	766	748	768	801	806	796	定额数据处理后算术平均值
挖土	0.95	731	741	751	747	751	727	728	711	730	761	766	756	
	02	799	806	783	772	716	806	781	778	793	805	769	767	778
	0.96	767	774	752	741	—	774	750	747	761	773	738	736	

调整后数据算术平均值：

$\overline{x'}$ = (731 + 741 + 751 + 747 + 751 + 727 + 728 + 711 + 730 + 761 + 766 + 756 + 767 + 774 + 752 + 741 + 774 + 750 + 747 + 761 + 773 + 738 + 736) ÷ 23 = 748

其余按相同方式得到表中数据。结果填入表 A.3.2.a 中各工序作业的"定额数据调整后的算术平均值"。

5. 基本工作时间：

（1）计算相同工程项目的时间消耗：

相同工程项目的时间消耗 = Σ工序中各工序作业时间消耗

咸阳×××：

时间消耗 = 748 + 362 + 50 + 9 + 23 = 1 192（s）

西安×××：

时间消耗 = 789 + 388 + 52 + 10 + 25 = 1 264（s）

汉中×××：

时间消耗 = 747 + 367 + 45 + 8 + 26 = 1 193（s）

（2）基本工作时间：

根据式（6.3.2-7）计算基本工作时间，填入表 A.3.2.a。

$$基本工作时间 = \frac{\Sigma(各项目每工序时间消耗 \times 各项目观测总次数)}{\Sigma 各项目观测总次数} \quad (6.3.2-7)$$

①计算观测总次数：

观测总次数即为除去粗大误差数据后剩余有效数据的总个数。

咸阳×××：

23 + 24 + 24 + 24 + 24 = 119（次）

西安×××：

24 + 24 + 24 + 24 + 24 = 120（次）

汉中×××：

24 + 24 + 24 + 24 + 24 = 120（次）

②计算基本工作时间：

$$1\ 192 \times \frac{119}{119 + 120 + 120} + 1\ 264 \times \frac{120}{119 + 120 + 120} + 1\ 193 \times \frac{120}{119 + 120 + 120} = 1\ 216 \ (s)$$

1.2.3 根据本规程第 6.3.3 条第 2 款第 2 项采用测时法测定劳动定额基本工作时间。

基本工作时间 = 1 216 ÷ 60 ÷ 0.16 = 126.67（min）

定额单位产品的定额时间消耗量 = 126.67 + 16.39 = 143.06（min）

$$时间定额 = \frac{定额单位产品时间消耗量（min）}{60 \times 工日延续时间（h）} = \frac{143.06}{60 \times 8} = 0.298（工日/m^3）$$

即人工挖运土方的定额消耗为 0.298 工日/m³，产量定额为 3.36m³/工日，见下表：

定额编号　人工挖运土方

工作内容：挖、装、运20m，卸土，空回　　　　　　　　　　　　　　　　单位：1m³

序号	项目	单位	代号	子目名称	备注
				普通土	
1	劳动定额	工日	1	$\frac{0.298}{3.36}$	

填表：　　　　　　　　　　　　　　　　　　　　　　　　　　　　　　　复核：

2 现场技术测定法机械台班数据整理分析及定额消耗量的确定

2.1 写实法

2.1.1 机械挖土方。

表 A.1.5.2.b 机械工作时间观测记录表 2（写实法）

观测地点：西安		日期：20160516	天气气温：阴	观测编号：21
公路工程项目名称：西安×××高速公路			公路等级：高速公路	施工单位：中交×××
定额名称：挖掘机挖土方		工程量：3 640m³		机械台数：8
测算时间区段			开始：8时45分10秒——结束：16时25分11秒	
一	定额时间	工作内容	消耗时间（min）	百分比（%）	备注（施工过程中问题与建议）
1	正常负荷下工作时间（人工、机械变化分段记录）（t_{zf}）	挖土	848		
		转臂	579		
		卸土	695		
2	有根据地降低负荷下工作时间（t_{ydf}）	空回	519		
3	不可避免的无负荷工作时间（t_{bw}）	移动挖掘机	80		
4	与工艺、操作有关的不可避免中断时间（t_{bz}）				
5	与机械有关的不可避免中断时间（t_b）	机械保养	90		
6	工人休息时间（t_x）		71		
7	纯工作时间合0计=（1）+（2）+（3）+（4）		2 721		
8	其他工作时间合计=（5）+（6）		161		
9	定额时间合计=（7）+（8）		2 882		
二	非定额时间	工作内容	损耗时间（min）	损失工作时间百分比（%）	备注
10	停工及低负荷下工作时间（t_t及t_{df}）	避开障碍物	18		
11	违反操作规范损失时间（t_s）	迟到	16		
12	多余工作时间（t_d）	挖除土中树根	65		
	非定额时间合计		99		

记录者： 复核者：

表 A.3.1.b 机械台班定额写实法原始数据处理汇总表

	定额名称	挖掘机挖土方												定额单位	100m³	样本总数	12
	工作内容	安设挖掘机，开辟工作面，挖土，卸土，移动位置															
	工程项目	安江高速公路				省道102						西安××高速公路					
	观测编号	01	02	03	04	11	12	13	14	21	22	23	24				
	测定日期	16/03/05	16/03/06	16/04/12	16/04/13	16/07/05	16/07/06	16/07/12	16/07/13	16/05/16	16/05/18	16/05/19	16/05/21				
	延续时间	7.9h	7.3h	8.4h	6.7h	5.6h	4.8h	5.9h	6.9h	7.9h	4.6h	5.7h	6.9h				
	机械数量	5	3	7	6	7	5	5	8	8	7	5	6				
		时间消耗 (min)															
1	纯工作时间合计	1 612	894	2 436	1 720	1 651	894	1 274	2 559	2 721	1 318	1 209	1 626				
2	其他工作时间合计	165	92	245	185	183	100	142	256	161	150	142	162				
3	完成工程量	2 400	1 280	3 360	2 540	2 440	1 300	1 780	3 780	3 640	2 100	1 800	2 300				
4	完成定额单位工程量	24	12.8	33.6	25.4	24.4	13	17.8	37.8	36.4	21	18	23				
5	定额单位产品的纯工作时间消耗 =(1)/(4)	67.17	69.84	72.50	67.72	67.66	68.77	71.57	67.70	74.75	62.76	67.17	70.70				
6	定额单位产品的其他工作时间消耗 =(2)/(4)	6.88	7.19	7.29	7.28	7.50	7.69	7.98	6.77	4.42	7.14	7.89	7.04				
7	定额单位产品的定额时间合计 =(5)+(6)	74.04	77.03	79.79	75.00	75.16	76.46	79.55	74.47	79.18	69.90	75.06	77.74				
8	各项目完成定额单位工程量 =Σ(4)	95.8				93				98.4							
9	完成工程总量 =Σ(8)	287.2															
10	项目定额单位产品纯工作时间消耗 =[Σ(5)×(4)]/(8)	69.54				68.58				69.86							

续表 A.3.1.b

11	项目定额单位产品其他工作时间消耗 = [∑(6)×(4)]/(8)	7.17	7.32	6.42
12	项目定额单位产品定额时间消耗 = (10)+(11)	76.71	75.9	76.28
13	定额单位产品纯工作时间消耗量 = [∑(10)×(8)]/(9)		69.34	
14	定额单位产品其他工作时间消耗量 = [∑(11)×(8)]/(9)		6.96	
15	定额单位产品定额时间消耗量 = (13)+(14)		76.30	
16	机械小时生产率 = 定额单位/[((13)÷60)]		86.530(m³/h)	
17	机械时间利用系数 = (13)/(15)		90.83	

整理： 复核：

1. 原始数据汇总见表 A.3.1.b。
2. 粗大误差识别与处理：
（1）计算表 A.3.1.b 中（7）的算术平均值：$\bar{x} = 76.12$。
（2）计算表 A.3.1.b 中（7）的标准差：$\sigma = 2.81$。
（3）计算控制上限：$UCL = \bar{x} + 3\sigma = 84.56$。
（4）计算控制下限：$LCL = \bar{x} - 3\sigma = 67.69$。
（5）表 A.3.1.b 中测定的数据无须剔除数据。
3. 随机误差处理（以安江高速公路为例）：
（1）项目定额单位产品纯工作时间消耗
$= (67.17 \times 24 + 69.84 \times 12.8 + 72.50 \times 33.6 + 67.72 \times 25.4) \div 95.8$
$= 69.54$（min/100m³）
（2）项目定额单位产品其他工作时间消耗
$= (6.88 \times 24 + 7.19 \times 12.8 + 7.29 \times 33.6 + 7.28 \times 25.4) \div 95.8$
$= 7.17$（min/100m³）
（3）项目定额单位产品定额时间消耗 $= 69.54 + 7.17$
$= 76.71$（min/100m³）
4. 单位产品定额时间计算：
（1）定额单位产品纯工作时间消耗量
$= (69.54 \times 95.8 + 68.58 \times 93 + 69.86 \times 98.4) \div 287.2$
$= 69.34$（min/100m³）
（2）定额单位产品其他工作时间消耗量
$= (7.17 \times 95.8 + 7.32 \times 93 + 6.42 \times 98.4) \div 287.2$
$= 6.96$（min/100m³）
（3）定额单位产品定额时间消耗量
$= 69.34 + 6.96$
$= 76.30$（min/100m³）
5. 机械台班定额消耗量的确定：
（1）方法一：
根据式（6.4.3-1），机械时间定额（台班）$= 76.30 \div (60 \times 8) = 0.159$（台班/100m³）。
根据式（6.4.3-2），机械产量定额 $= 1 \div 0.159 = 6.291$（100m³/台班）。
（2）方法二：
①当已知机械时间利用系数为90%时，根据式（6.4.2-2）计算机械小时生产率，填入表 A.3.1.b 第（16）栏。
机械纯工作1h正常生产率 $= 100 \div (69.34 \div 60) = 86.530$（m³/h）
②根据式（6.4.3-3）计算机械产量定额（每台班延续时间按8h计）。
机械产量定额 $= 86.530 \times 8 \times 90\% = 623.017$（m³/台班）
③计算机械时间定额。

机械时间定额 = 1 ÷ 623.017 × 100 = 0.161（台班/100m³）

测定结果填入下表（以方法一为例）：

定额编号　挖掘机挖土

工作内容：安设挖掘机，开辟工作面，挖土，卸土，移动位置　　　　　　　　单位：100m³

序号	项目	单位	代号	子目名称		备注
				普通土		
1	1m³以内单斗挖掘机	台班		0.159 / 6.291		

填表：　　　　　　　　　　　　　　　　　　　　　　　　　　　　复核：

2.2　写实法 + 测时法

2.2.1　写实法同2.1。

2.2.2　测时法。

表 A.3.2.b　机械台班定额测时法原始数据处理汇总表

定额名称：挖掘机挖土方　　观测工程项目总数：2　　每循环工程量：1m³

项目名称	工序作业	观测编号	每循环有效消耗时间原始数据（s）												粗大误差处理后的算术平均值	观测总次数	相同工程项目的时间消耗	纯工作时间	机械小时生产率
			1	2	3	4	5	6	7	8	9	10	11	12					
安江高速公路	挖土	01	10	8	9	6	9	9	8	4	5	10	8	9	8.389	144	37.195	37.75	95.364
		02	9	10	8	7	9	10	8	7	9	10	7	6					
		03	11	9	10	8	9	11	10	9	7	8	6	9					
	转臂	01	11	10	11	10	10	10	9	8	7	11	9	11	9.806				
		02	12	11	10	11	10	9	11	10	9	11	9	10					
		03	11	12	9	8	7	10	12	11	9	10	8	9					
	卸土	01	9	10	10	8	9	11	10	7	9	11	9	8	9.333				
		02	8	9	11	9	10	8	9	10	11	8	10	9					
		03	7	8	10	12	9	12	11	9	7	9	10	11					
	空回	01	10	9	10	8	9	11	9	10	10	9	8	11	9.667				
		02	11	7	9	10	11	9	11	8	9	7	9	8					
		03	7	9	10	11	9	12	10	9	12	8	9	10					
省道102线	挖土	01	9	5	8	7	9	10	11	9	7	9	8	7	8.458	96	38.583		
		02	10	11	9	6	9	10	9	6	7	9	10	11					
	转臂	01	10	11	10	9	12	9	10	11	10	12	9	8	10.292				
		02	11	12	10	9	11	9	11	9	12	10	9	11					
	卸土	01	9	10	11	9	12	9	10	12	9	10	9	10	10.125				
		02	10	9	11	8	9	10	7	11	9	10	11	12					
	空回	01	10	9	10	8	9	10	9	10	11	9	11	12	9.708				
		02	9	11	8	9	10	9	11	12	9	8	9	10					

整理：　　　　　　　　　　　　　　　　　　　　　　　　　　　　复核：

测时法原始数据整理分析：

1. 粗大误差识别与处理：

（1）$n \leq 30$（选例）。

项目名称	工作内容	观测编号	时间消耗（s）											
省道102线	挖土	01	9	5	8	7	9	10	11	9	7	9	8	7
		02	10	11	9	6	7	9	6	7	9	10	11	9

$n = 24$，选用狄克逊准则进行误差的识别。

数据从小到大排序后可知：$x_1 = 5$，$x_3 = 6$，$x_{22} = 11$，$x_{24} = 11$。

$$R_1 = \frac{11 - 11}{11 - 6} = 0$$

$$R_2 = \frac{6 - 5}{11 - 5} = 0.17$$

$$D(0.01, 24) = 0.526$$

$R_2 = 0.17 < 0.526$，故不存在误差，无须进行处理。

（2）$n > 30$（选例）。

项目名称	工作内容	观测编号	时间消耗（s）											
安江高速公路	转臂	01	11	10	11	10	10	10	9	8	7	11	9	11
		02	12	11	10	11	10	9	11	10	9	8	9	10
		03	11	12	9	8	7	10	12	11	9	10	8	9

$n = 36$，选用格拉布斯准则进行误差的识别。

计算算术平均值：

$$\bar{x} = \frac{\sum_{i=1}^{n} x_i}{n} \quad (6.3.2\text{-}1)$$

$$\bar{x} = \frac{11 + 10 + 11 + 10 + 10 + \cdots + 8 + 9}{36} = 9.806$$

计算残值绝对值：

$$|V_i| = |x_i - \bar{x}| \quad (6.3.2\text{-}2)$$

$$|V_i|_{\max} = |7 - 9.806| = 2.806$$

计算标准差：

$$\sigma = \sqrt{\frac{\sum_{i=1}^{n} V_i^2}{n - 1}} \quad (6.3.2\text{-}3)$$

$$\sigma = 1.327$$

计算 $T_0(n, \alpha) \cdot \sigma$：

$n = 36$，查表可得，$T_0(0.05, 36) = 2.822$，则：

$$T_0(0.05, 36) \times \sigma = 2.822 \times 1.327 = 3.745$$

2.806 < 3.745，故不存在粗大误差。

按照上述两种方式，对所有数据进行数据粗大误差判别与处理。

2. 测时法观测次数的检验：

对测时法粗大误差处理后的数据，进行观测次数检验。经检验观测次数符合要求。

3. 随机误差处理：

计算粗大误差处理后数据的算术平均值。

例：

项目名称	工作内容	观测编号	时间消耗（s）									
省道102线	挖土	01	9	5	8	7	9	10	11	9	7	9	8	7
		02	10	11	9	6	7	9	6	7	9	10	11	9

定额调整后算术平均值：

(9 + 5 + 8 + 7 + 9 + 10 + 11 + 9 + 7 + 9 + 8 + 7 + 10 + 11 + 9 + 6 + 7 + 9 + 6 + 7 + 9 + 10 + 11 + 9) ÷ 24 = 8.458

其余按相同方式得到表中数据。结果填入表 A.3.2.b 中各工序作业的"粗大误差处理后的算术平均值"。

4. 纯工作时间：

(1) 计算相同工程项目的时间消耗：

安江高速公路：

8.389 + 9.806 + 9.333 + 9.667 = 37.195（s）

省道 102 线：

8.458 + 10.292 + 10.125 + 9.708 = 38.583（s）

(2) 纯工作时间：

根据式（6.4.2-1）计算基本工作时间，填入表 A.3.2.b。

$$\text{纯工作时间} = \frac{\sum(\text{各项目的时间消耗} \times \text{各项目观测总次数})}{\sum \text{各项目观测总次数}} \quad (6.4.2\text{-}1)$$

① 计算观测总次数：

观测总次数即为除去粗大误差数据后剩余的有效数据总个数。

安江高速公路：

36 + 36 + 36 + 36 = 144（次）

省道 102 线：

24 + 24 + 24 + 24 = 96（次）

② 计算纯工作时间：

$37.195 \times \dfrac{144}{144 + 96} + 38.583 \times \dfrac{96}{144 + 96} = 37.75$（s）

5. 计算定额单位产品的纯工作时间消耗：

定额单位$100m^3$，测时法测定单位$1m^3$。

定额单位产品的纯工作时间消耗 = 37.75 × (100 ÷ 1) ÷ 60 = 62.92（min/$100m^3$）

6. 计算机械小时生产率：

机械小时生产率 = 1 ÷ (37.75 ÷ 60 ÷ 60) = 95.364（m^3/h）

2.2.3 机械台班定额消耗量的确定（每台班延续时间按8h计）。

根据本规程第6.4.3条第2款第2项计算定额单位产品时间消耗量。

机械纯工作时间 = 62.92（min/$100m^3$）

定额单位产品时间消耗量 = 62.92 + 6.96 = 69.88（min/$100m^3$）

2.2.4 机械台班定额消耗量的确定。

（1）方法一：

根据式（6.4.3-1），机械时间定额（台班）= 69.88 ÷ (60 × 8) = 0.146（台班/$100m^3$）。

根据式（6.4.3-2），机械产量定额 = 1 ÷ 0.146 = 6.869（$100m^3$/台班）。

（2）方法二：

①当已知机械时间利用系数为90%时，根据测时法测得的机械纯工作1h正常生产率为95.364（m^3/h）。

②根据式（6.4.3-3）计算机械产量定额（每台班延续时间按8h计）：

机械产量定额 = 95.364 × 8 × 90% = 686.621（m^3/台班）

③计算机械时间定额：

机械时间定额 = 1 ÷ 686.621 × 100 = 0.146（台班/$100m^3$）

测定结果填入下表（以方法一为例）：

定额编号　挖掘机挖土

工作内容：安设挖掘机，开辟工作面，挖土，卸土，移动位置　　　　　单位：$100m^3$

序号	项目	单位	代号	子目名称 普通土	备注
1	$1m^3$以内单斗挖掘机			0.146 / 6.869	

填表：　　　　　　　　　　　　　　　　　　　　复核：

3 现场技术测定法材料定额数据整理分析

3.1 材料净用量数据整理分析

例：C40 水泥混凝土。

表 A.3.3 材料净用量数据处理汇总表

混合料名称：C40 水泥混凝土					
测定方法	材料名称	净用量	样本总数	粗大误差处理后的算术平均值	材料净用量
试验室试验法	52.5 级水泥（kg）	413.8	8	413.45	413.5
		411.2			
		412.8			
		418.2			
		408.9			
		418.6			
		413.5			
		410.6			
	中（粗）砂（m³）	0.450	8	0.452	0.452
		0.440			
		0.448			
		0.459			
		0.449			
		0.458			
		0.452			
		0.463			
	碎石（m³）	0.789	8	0.652	0.651
		0.289			
		0.801			
		0.772			
		0.781			
		0.809			
		0.651			
		0.325			

整理： 复核：

1. 粗大误差判别与处理：

(1) 52.5 级水泥（kg）：

算术平均值：

$(413.8+411.2+412.8+418.2+408.9+418.6+413.5+410.6)\div 8=413.45$

计算标准差：$\sigma=3.45$

控制上限：$UCL=413.45+3.45\times 3=423.8$

控制下限：$LCL=413.45-3.45\times 3=403.1$

无粗大误差数据。

（2）中（粗）砂（m^3）：

算术平均值：

$(0.45+0.44+0.448+0.459+0.449+0.458+0.452+0.463)\div 8=0.452$

计算标准差：$\sigma=0.007$

控制上限：$UCL=0.452+0.007\times 3=0.473$

控制下限：$LCL=0.452-0.007\times 3=0.431$

无粗大误差数据。

（3）碎石（m^3）：

算术平均值：

$(0.789+0.289+0.801+0.772+0.781+0.809+0.651+0.325)\div 8=0.652$

计算标准差：$\sigma=0.219$

控制上限：$UCL=0.652+0.219\times 3=1.309$

控制下限：$LCL=0.652-0.219\times 3=-0.002$

无粗大误差数据。

2. 计算粗大误差处理后的算术平均值：

（1）52.5级水泥（kg）：

算术平均值：

$(413.8+411.2+412.8+418.2+408.9+418.6+413.5+410.6)\div 8=413.45$

（2）中（粗）砂（m^3）：

算术平均值：

$(0.45+0.44+0.448+0.459+0.449+0.458+0.452+0.463)\div 8=0.452$

（3）碎石（m^3）：

算术平均值：

$(0.789+0.289+0.801+0.772+0.781+0.809+0.651+0.325)\div 8=0.652$

3. 选择与均值最接近的混合料的配合比：

52.5级水泥（kg）：413.5；中（粗）砂（m^3）：0.452；碎石（m^3）：0.652。

3.2 材料损耗率数据整理分析

例：C40水泥混凝土。

表 A.3.3 材料损耗率数据处理汇总表

材料名称：C40 水泥混凝土

测定方法	材料名称	损耗量（损耗率）	样本总数	粗大误差处理后的算术平均值	材料损耗率
试验室试验法	52.5 级水泥（kg）	8	8	5.75	5.75
		2			
		8			
		2			
		9			
		6			
		5			
		6			
	中（粗）砂（m³）	5	8	6.25	6.25
		4			
		4			
		9			
		9			
		8			
		5			
		6			
	碎石（m³）	8	8	7.125	7.125
		9			
		8			
		7			
		8			
		8			
		6			
		3			

整理：　　　　　　　　　　　　　　　　　　　　　　　　　　复核：

1. 粗大误差判别与处理：

（1）52.5 级水泥（kg）：

算术平均值：$(8+2+8+2+9+6+5+6) \div 8 = 5.75$

计算标准差：$\sigma = 2.66$

控制上限：$UCL = 5.75 + 2.66 \times 3 = 13.73$

控制下限：$LCL = 5.75 - 2.66 \times 3 = -2.23$

无粗大误差数据。

（2）中（粗）砂（m³）：

算术平均值：$(5+4+4+9+9+8+5+6) \div 8 = 6.25$

计算标准差：$\sigma = 2.12$

控制上限：$UCL = 6.25 + 2.12 \times 3 = 12.61$

控制下限：$LCL = 6.25 - 2.12 \times 3 = -0.11$

无粗大误差数据。

(3) 碎石（m^3）：

算术平均值：$(8 + 9 + 8 + 7 + 8 + 8 + 6 + 3) \div 8 = 7.125$

计算标准差：$\sigma = 1.89$

控制上限：$UCL = 7.125 + 1.89 \times 3 = 12.795$

控制下限：$LCL = 7.125 - 1.89 \times 3 = 1.455$

无粗大误差数据。

2. 计算粗大误差处理后的算术平均值：

(1) 52.5 级水泥（kg）：

算术平均值：$(8 + 2 + 8 + 2 + 9 + 6 + 5 + 6) \div 8 = 5.75$

(2) 中（粗）砂（m^3）：

算术平均值：$(5 + 4 + 4 + 9 + 9 + 8 + 5 + 6) \div 8 = 6.25$

(3) 碎石（m^3）：

算术平均值：$(8 + 9 + 8 + 7 + 8 + 8 + 6 + 3) \div 8 = 7.125$

4 统计分析法数据整理分析

4.1 统计分析法劳动定额数据整理分析

计算实例：人工夯实填土。

表 A.1.7　劳动定额统计表

定额名称：人工夯实填土

工作内容：打碎土块并耙平，洒水或风干土壤，分层夯实

项　目	编号	劳动定额				备　注
		时间消耗（min）	工作量（m³）	时间定额	产量定额	
西安×××二级公路	01	65	1			
杭州×××一级公路	02	72	1			
汉中×××一级公路	03	68	1			
西安×××二级公路	04	55	1			
汉中×××一级公路	05	59	1			
杭州×××国道	06	58	1			
郑州×××三级公路	07	68	1			
贵阳×××三级公路	08	70	1			
重庆×××国道	09	69	1			
绵阳×××三级公路	10	70	1			
岳阳×××国道	11	52	1			
宝鸡×××二级公路	12	60	1			

记录者：　　　　　　　　　　　　　　　　　　复核者：

数据个数为12，满足数据量要求。

1. 数据粗大误差识别与处理：

算术平均值：$(65+72+68+55+59+58+68+70+69+70+52+60) \div 12 = 63.83$

计算标准差：$\sigma = 6.71$

控制上限：$UCL = 63.83 + 6.71 \times 3 = 83.96$

控制下限：$LCL = 63.83 - 6.71 \times 3 = 43.7$

无粗大误差数据，无须处理。

2. 计算数据平均先进值：

平均先进值，即对数据进行第二次平均：

$$\bar{x}_2 = \frac{\bar{x} + \bar{x}_1}{2} \tag{6.6.1-2}$$

$$\bar{x}_1 = (55+59+58+52+60) \div 5 = 56.8$$
$$\bar{x}_2 = (63.83+56.8) \div 2 = 60.32$$

3. 时间定额：

$60.32 \div 60 \div 8 = 0.126$（工日/m³）

4.2　统计分析法机械台班定额数据整理分析

计算实例：沥青洒布机洒沥青。

表 A.1.8　机械定额统计表

工作内容：装沥青，洒布

项目	编号	机械定额（沥青洒布机）		劳动定额	备注
		时间消耗（min）	工程量（m²）	劳动人数	
西安×××	01	25	100	1台洒布机配3个工人	每1m²洒沥青量6.5kg左右
武汉×××	02	26	100		
咸阳×××	03	28	100		
咸阳×××	04	30	100		
大同×××	05	25	100		
焦作×××	06	26	100		
固原×××	07	28	100		
长沙×××	08	24	100		
济南×××	09	27	100		
青岛×××	10	30	100		
无锡×××	11	29	100		
广州×××	12	21	100		
汕头×××	13	28	100		
南宁×××	14	24	100		

记录者：　　　　　　　　　　　　　　　　　　　　　　　　　　　　复核者：

1. 数据粗大误差识别与处理：

算术平均值：

$(25+26+28+30+25+26+28+24+27+30+29+21+28+24) \div 14 = 26.5$

计算标准差：$\sigma = 2.56$

控制上限：$UCL = 26.5 + 2.56 \times 3 = 34.18$

控制下限：$LCL = 26.5 - 2.56 \times 3 = 18.82$

无粗大误差数据，无须处理。

2. 计算平均先进值：

平均先进值，即对数据进行第二次平均：

$$\bar{x}_2 = \frac{\bar{x} + \bar{x}_1}{2} \qquad (6.6.1\text{-}2)$$

$$\bar{x}_1 = (25 + 26 + 25 + 26 + 24 + 21 + 24) \div 7 = 24.43$$

$$\bar{x}_2 = (26.5 + 24.43) \div 2 = 25.46$$

3. 机械时间定额：

$25.46 \div 60 \div 8 = 0.053$（台班/$100\text{m}^2$）

4. 劳动时间定额：

$0.053 \times 3 = 0.159$（工日/100m^2）

5 修订定额消耗量水平评价与调整

以沥青洒布机洒布沥青为例,采用统计分析法编制结果(见"4.2 统计分析法机械台班定额数据整理分析")。

与待评价定额具有相同工作内容的已有定额人工和机械消耗量填入表 6.7.1 第(5)列,由表中计算结果可知:人工、机械的变化量都大于15%,故新定额消耗量合理,不做调整。

表 6.7.1 实物消耗量对比法评价定额水平

待评价定额编号:沥青洒布机洒布沥青　　　　　　　　　　　对比定额编号:××

序号	工、料、机名称	单位	待评价定额的消耗量	已有定额的消耗量	比较(%)	附注
(1)	(2)	(3)	(4)	(5)	(6) = [(4) − (5)] ÷ (5) ×100%	(7)
1	人工	工日	0.159	0.205	−22.43%	
2	机械	台班	0.053	0.0683	−22.40%	

本规程用词用语说明

1 本规程执行严格程度的用词,采用下列写法:
1)表示很严格,非这样做不可的用词,正面词采用"必须",反面词采用"严禁";
2)表示严格,在正常情况下均应这样做的用词,正面词采用"应",反面词采用"不应"或"不得";
3)表示允许稍有选择,在条件许可时首先应这样做的用词,正面词采用"宜",反面词采用"不宜";
4)表示有选择,在一定条件下可以这样做的用词,采用"可"。

2 引用标准的用语采用下列写法:
1)在标准总则中表述与相关标准的关系时,采用"除应符合本规程的规定外,尚应符合国家和行业现行有关标准的规定"。
2)在标准条文及其他规定中,当引用的标准为国家标准和行业标准时,表述为"应符合《××××××》(×××)的有关规定"。
3)当引用本标准中的其他规定时,表述为"应符合本规程第×章的有关规定""应符合本规程第×.×节的有关规定""应符合本规程第×.×.×条的有关规定"或"应按本规程第×.×.×条的有关规定执行"。

公路工程现行标准规范一览表

(2020 年 7 月)

序号	类别	编 号	书名(书号)	定价(元)
1	基础	JTG 1001—2017	公路工程标准体系(14300)	20.00
2		JTG A02—2013	公路工程行业标准制修订管理导则(10544)	15.00
3		JTG A04—2013	公路工程标准编写导则(10538)	20.00
4		JTG B01—2014	公路工程技术标准(活页夹版,11814)	98.00
5		JTG B01—2014	公路工程技术标准(平装版,11829)	68.00
6		JTG 2111—2019	小交通量农村公路工程技术标准(15372)	50.00
7		JTG 2120—2020	公路工程结构可靠性设计统一标准(16532)	50.00
8		JTG B02—2013	公路工程抗震规范(11120)	45.00
9		JTG/T 2231-01—2020	公路桥梁抗震设计规范(16483)	80.00
10		JTG 2232—2019	公路隧道抗震设计规范(16131)	60.00
11		JTG B03—2006	公路建设项目环境影响评价规范(13373)	40.00
12		JTG B04—2010	公路环境保护设计规范(08473)	28.00
13		JTG B05—2015	公路项目安全性评价规范(12806)	45.00
14		JTG B05-01—2013	公路护栏安全性能评价标准(10992)	30.00
15		JTG/T 2340—2020	公路工程节能规范(16115)	30.00
16		JTG/T 3310—2019	公路工程混凝土结构耐久性设计规范(15635)	50.00
17		JTG/T 6303.1—2017	收费公路移动支付技术规范 第一册 停车移动支付(14380)	20.00
18		JTG B10-01—2014	公路电子不停车收费联网运营和服务规范(11566)	30.00
19	勘测	JTG C10—2007	公路勘测规范(06570)	40.00
20		JTG/T C10—2007	公路勘测细则(06572)	42.00
21		JTG C20—2011	公路工程地质勘察规范(09507)	65.00
22		JTG/T C21-01—2005	公路工程地质遥感勘察规范(0839)	17.00
23		JTG/T C21-02—2014	公路工程卫星图像测绘技术规程(11540)	25.00
24		JTG/T C22—2009	公路工程物探规程(1311)	28.00
25		JTG C30—2015	公路工程水文勘测设计规范(12063)	70.00
26	设计	公路	JTG D20—2017	公路路线设计规范(14301)	80.00
27			JTG/T D21—2014	公路立体交叉设计细则(11761)	60.00
28			JTG D30—2015	公路路基设计规范(12147)	98.00
29			JTG/T D31—2008	沙漠地区公路设计与施工指南(1206)	32.00
30			JTG/T D31-02—2013	公路软土地基路堤设计与施工技术细则(10449)	40.00
31			JTG/T D31-03—2011	采空区公路设计与施工技术细则(09181)	40.00
32			JTG/T D31-04—2012	多年冻土地区公路设计与施工技术细则(10260)	40.00
33			JTG/T D31-05—2017	黄土地区公路路基设计与施工技术规范(13994)	50.00
34			JTG/T D31-06—2017	季节性冻土地区公路设计与施工技术规范(13981)	45.00
35			JTG/T D32—2012	公路土工合成材料应用技术规范(09908)	50.00
36			JTG/T 3334—2018	公路滑坡防治设计规范(15178)	55.00
37			JTG D40—2011	公路水泥混凝土路面设计规范(09463)	40.00
38			JTG D50—2017	公路沥青路面设计规范(13760)	50.00
39			JTG/T D33—2012	公路排水设计规范(10337)	40.00
40		桥隧	JTG D60—2015	公路桥涵设计通用规范(12506)	40.00
41			JTG/T 3360-01—2018	公路桥梁抗风设计规范(15231)	75.00
42			JTG/T 3360-02—2020	公路桥梁抗撞设计规范(16435)	40.00
43			JTG/T 3360-03—2018	公路桥梁景观设计规范(14540)	40.00
44			JTG D61—2005	公路圬工桥涵设计规范(13355)	30.00
45			JTG 3362—2018	公路钢筋混凝土及预应力混凝土桥涵设计规范(14951)	90.00
46			JTG 3363—2019	公路桥涵地基与基础设计规范(16223)	90.00
47			JTG D64—2015	公路钢结构桥梁设计规范(12507)	80.00
48			JTG D64-01—2015	公路钢混组合桥梁设计与施工规范(12682)	45.00
49			JTG/T 3364-02—2019	公路钢桥面铺装设计与施工技术规范(15637)	50.00
50			JTG/T 3365-01—2020	公路斜拉桥设计规范(16365)	50.00
51			JTG/T D65-04—2007	公路涵洞设计细则(06628)	26.00
52			JTG/T D65-05—2015	公路悬索桥设计规范(12674)	55.00
53			JTG/T D65-06—2015	公路钢管混凝土拱桥设计规范(12514)	40.00
54			JTG 3370.1—2018	公路隧道设计规范 第一册 土建工程(14639)	110.00
55			JTG/T D70—2010	公路隧道设计细则(08478)	66.00
56			JTG D70/2—2014	公路隧道设计规范 第二册 交通工程与附属设施(11543)	50.00
57			JTG/T D70/2-01—2014	公路隧道照明设计细则(11541)	35.00
58			JTG/T D70/2-02—2014	公路隧道通风设计细则(11546)	70.00
59			JTG/T 3374—2020	公路瓦斯隧道设计与施工技术规范(16141)	60.00
60		交通工程	JTG D80—2006	高速公路交通工程及沿线设施设计通用规范(0998)	25.00
61			JTG D81—2017	公路交通安全设施设计规范(14395)	60.00

续上表

序号	类别	编 号	书名(书号)	定价(元)
62	交通工程	JTG/T D81—2017	公路交通安全设施设计细则(14396)	90.00
63		JTG D82—2009	公路交通标志和标线设置规范(07947)	116.00
64	设计	交办公路〔2017〕167号	国家公路网交通标志调整工作技术指南(14379)	80.00
65	综合	交公路发〔2007〕358号	公路工程基本建设项目设计文件编制办法(06746)	26.00
66		交公路发〔2015〕69号	公路工程特殊结构桥梁项目设计文件编制办法(12455)	30.00
67		JTG E20—2011	公路工程沥青及沥青混合料试验规程(09468)	106.00
68		JTG E30—2005	公路工程水泥及水泥混凝土试验规程(13319)	55.00
69		JTG E40—2007	公路土工试验规程(06794)	90.00
70		JTG E41—2005	公路工程岩石试验规程(13351)	30.00
71	检测	JTG E42—2005	公路工程集料试验规程(13353)	50.00
72		JTG E50—2006	公路工程土工合成材料试验规程(13398)	40.00
73		JTG E51—2009	公路工程无机结合料稳定材料试验规程(08046)	60.00
74		JTG 3450—2019	公路路基路面现场测试规程(15830)	90.00
75		JTG/T E61—2014	公路路面技术状况自动化检测规程(11830)	25.00
76		JTG/T 3610—2019	公路路基施工技术规范(15769)	80.00
77		JTG/T F20—2015	公路路面基层施工技术细则(12367)	45.00
78	公路	JTG/T F30—2014	公路水泥混凝土路面施工技术细则(11244)	60.00
79		JTG/T F31—2014	公路水泥混凝土路面再生利用技术细则(11360)	30.00
80		JTG F40—2004	公路沥青路面施工技术规范(05328)	50.00
81	施工	JTG/T 5521—2019	公路沥青路面再生技术规范(15839)	60.00
82		JTG/T F50—2011	公路桥涵施工技术规范(09224)	110.00
83	桥隧	JTG/T 3650-02—2019	特大跨径公路桥梁施工测量规范(15634)	80.00
84		JTG/T 3512—2020	公路工程基桩检测技术规程(16482)	60.00
85		JTG/T 3660—2020	公路隧道施工技术规范(16488)	100.00
86	交通	JTG F71—2006	公路交通安全设施施工技术规范(13397)	30.00
87		JTG/T F72—2011	公路隧道交通工程与附属设施施工技术规范(09509)	35.00
88		JTG F80/1—2017	公路工程质量检验评定标准 第一册 土建工程(14472)	90.00
89	质检	JTG F80/2—2004	公路工程质量检验评定标准 第二册 机电工程(05325)	40.00
90	安全	JTG G10—2016	公路工程施工监理规范(13275)	40.00
91		JTG F90—2015	公路工程施工安全技术规范(12138)	68.00
92		JTG H10—2009	公路养护技术规范(08071)	60.00
93		JTJ 073.1—2001	公路水泥混凝土路面养护技术规范(13658)	20.00
94		JTG H11—2004	公路桥涵养护规范(05025)	40.00
95		JTG H12—2015	公路隧道养护技术规范(12062)	60.00
96		JTG 5142—2019	公路沥青路面养护技术规范(15612)	60.00
97	养护管理	JTG/T 5190—2019	农村公路养护技术规范(15430)	30.00
98		JTG 5210—2018	公路技术状况评定标准(15202)	40.00
99		JTG 5421—2018	公路沥青路面养护设计规范(15201)	40.00
100		JTG/T H21—2011	公路桥梁技术状况评定标准(09324)	46.00
101		JTG H30—2015	公路养护安全作业规程(12234)	90.00
102		JTG/T 5640—2020	农村公路养护预算编制办法(16302)	70.00
103		JTG/T J21—2011	公路桥梁承载能力检测评定规程(09480)	20.00
104	加固设计	JTG/T J21-01—2015	公路桥梁荷载试验规程(12751)	40.00
105	与施工	JTG/T J22—2008	公路桥梁加固设计规范(07380)	52.00
106		JTG/T J23—2008	公路桥梁加固施工技术规范(07378)	40.00
107		JTG/T 5440—2018	公路隧道加固技术规范	70.00
108	改扩建	JTG/T L11—2014	高速公路改扩建设计细则(11998)	45.00
109		JTG/T L80—2014	高速公路改扩建交通工程及沿线设施设计细则(11999)	30.00
110		JTG 3810—2017	公路工程建设项目造价文件管理导则(14473)	50.00
111		JTG/T 3811—2020	公路工程施工定额测定与编制规程(16083)	60.00
112		JTG 3820—2018	公路工程建设项目投资估算编制办法(14362)	60.00
113		JTG/T 3821—2018	公路工程估算指标(14363)	120.00
114	造价	JTG 3830—2018	公路工程建设项目概算预算编制办法(14364)	60.00
115		JTG/T 3831—2018	公路工程概算定额(14365)	270.00
116		JTG/T 3832—2018	公路工程预算定额(14366)	300.00
117		JTG/T 3833—2018	公路工程机械台班费用定额(14367)	50.00
118		JTG/T M72-01—2017	公路隧道养护工程预算定额(14189)	60.00

注:JTG——公路工程行业标准体系;JTG/T——公路工程行业推荐性标准体系。批发业务电话:010-59757973;零售业务电话:010-85285659(北京);网上书店电话:010-59757908;业务咨询电话:010-85285922,85285930。